会计信息可比性对证券分析师行为影响研究

薛　刚　著

中国财经出版传媒集团
中国财政经济出版社
·北京·

图书在版编目（CIP）数据

会计信息可比性对证券分析师行为影响研究 / 薛刚著. -- 北京：中国财政经济出版社，2025. 3. -- ISBN 978 - 7 - 5223 - 3814 - 9

Ⅰ. F832. 51

中国国家版本馆 CIP 数据核字第 20253CN837 号

责任编辑：高文欣　　责任校对：徐艳丽

封面设计：卜建辰　　责任印制：史大鹏

会计信息可比性对证券分析师行为影响研究

KUAIJI XINXI KEBIXING DUI ZHENGQUAN FENXISHI XINGWEI YINGXIANG YANJIU

中国财政经济出版社 出版

URL：http：//www. cfeph. cn

E - mail：cfeph@ cfeph. cn

社址：北京市海淀区阜成路甲 28 号　邮政编码：100142

营销中心电话：010 - 88191522

天猫网店：中国财政经济出版社旗舰店

网址：https：//zgczjjcbs. tmall. com

涿州汇美亿浓印刷有限公司印刷　各地新华书店经销

成品尺寸：170mm × 240mm　16 开　9. 75 印张　147 000 字

2025 年 3 月第 1 版　2025 年 3 月河北第 1 次印刷

定价：68. 00 元

ISBN 978 - 7 - 5223 - 3814 - 9

（图书出现印装问题，本社负责调换，电话：010 - 88190548）

本社图书质量投诉电话：010 - 88190744

打击盗版举报热线：010 - 88191661　QQ：2242791300

前　言

会计信息可比性对证券分析师行为的影响是一个联系会计信息质量与资本市场效率的重要理论和实践话题。会计信息可比性是会计信息的重要质量特征，其内涵是让相同的事项看起来相似，不同的事项看起来不同，这有助于比较经济事项的异同。决策是在不同方案中比较择优，因此会计信息可比性是与决策相关的会计信息质量特征。证券分析师是资本市场的信息中介，其作用是促进信息融入股价，提高市场定价效率。证券分析师要在对行业内的公司进行比较的基础上，才能向市场提供决策建议。因此，会计信息可比性能够影响证券分析师的决策建议，影响其资本市场信息中介作用的发挥，进而影响资本市场的有效性。以往研究探讨了会计信息可比性对证券分析师关注度、预测准确度和分歧度的影响，但尚未有文献从资本市场效率的角度探讨会计信息可比性对证券分析师行为的影响。

本书将弥补已往文献不足，用实证方法检验会计信息可比性对证券分析师行为及其市场价值的影响。本书试图回答如下几个问题：

（1）会计信息可比性是否抑制了证券分析师的乐观偏差？

（2）会计信息可比性是否加大了证券分析师实地调研的力度？

（3）会计信息可比性是否降低了证券分析师评级调整的市场反应？

为了回答问题（1），本书检验了会计信息可比性对证券分析师乐观偏差的影响，对其中两种影响机制进行了阐述：声誉成本的增加抑制证券分析师发布偏乐观的研究报告；私有信息需求的降低减少了证券分析师发布偏乐观的研究报告。并在进一步研究中用明星证券分析师声誉和信息披露透明度对两个机制进行检验。

为了回答问题（2），本书检验了会计信息可比性对证券分析师实地调研的影响，对其中两种影响机制进行了阐述：在可比公司的增量信息与被比较公司信息不一致的情况下，证券分析师的信息证伪需求增加；在证券分析师相对其他信息使用者的信息优势被缩小的情况下，证券分析师的私有信息获取需求增加。并在进一步研究中用管理层持股比和机构投资者持股比对两个机制进行了检验。

为了回答问题（3），本书检验了会计信息可比性对证券分析师评级调整市场反应的影响，其他信息使用者能够直接从财务报告比较中获取增量信息，并通过交易更早地将信息融入股价，降低了证券分析师研究报告的信息含量和市场反应。并从评级调整的方向和信息披露透明度两个维度对这种影响进行了研究。

通过讨论以上问题，本书得出的研究结论如下：

第一，更高的会计信息可比性能够改善资本配置效率。（1）更高的会计信息可比性显著降低了证券分析师乐观偏差。更高的会计信息可比性提供的高质量信息集，一方面让其他信息使用者能够识别证券分析师乐观倾向，证券分析师为了维护声誉而抑制其乐观偏差；另一方面减少证券分析师的私有信息需求，降低其以发布偏乐观的研究报告与公司管理层交换私有信息的动机。（2）更高的会计信息可比性能更好地抑制明星证券分析师的乐观偏差。明星证券分析师看重声誉成本，为避免其乐观倾向被识别，会主动减少发布偏乐观的研究报告。（3）更高的会计信息可比性能更好地抑制证券分析师对信息透明度较低公司的乐观偏差。公司的信息透明度越低，更高的会计信息可比性对公开信息质量的提升越大，对私有信息的需求越低，更可能降低证券分析师乐观偏差；公司的信息透明度越高，更高的会计信息可比性对公开信息质量的提升有限，对证券分析师乐观偏差的影响越不显著。

第二，更高的会计信息可比性加大了证券分析师的实地调研行为。（1）更高的会计信息可比性显著加大了证券分析师实地调研力度。更高的会计信息可比性增加了可比公司的增量信息，一方面增加了证券分析师对可比公司与被比较公司之间不一致信息的证伪需求；另一方面降低了证券分析师占有信息的比较优势，导致证券分析师加大实地调研力度来获取私有信息。（2）更高的会计信息可比性会加大证券分析师对管理层持股比例较高公司的信息证伪需求。管理层持股比例越高，管理层操纵业绩的动机越大，更高的会计信息可比性让管理层盈余管理行为更容易被发现，证券分析师需要实地调研来验证公开信息的可靠性；管理层持股比例越低，管理层的盈余管理动机越弱，更高的会计信息可比性对证券分析师实地调研的影响就不显著。（3）更高的会计信息可比性会强化机构投资者对证券分析师的信息需求。机构投资者持股比越高，对证券分析师的信息需求越大，更高的会计信息可比性会加大证券分析师保持信息相对优势的压力，促使证券分析师加大对机构重仓股的实地调研。机构投资者持股比越低，对证券分析师的信息需求越小，更高的会计信息可比性给予证券分析师保持信息相对优势的压力越小，对实地调研的影响越小。

第三，更高的会计信息可比性降低了证券分析师评级调整的市场反应。（1）更高的会计信息可比性降低了证券分析师评级调整的市场反应。更高的会计信息可比性缩小了证券分析师与其他信息使用者间的信息优势，减少了证券分析师研究报告的新增信息，降低了市场反应。（2）更高的会计信息可比性具有去伪存真的作用。更高的会计信息可比性帮助其他信息使用者质疑不一致的信息，确认一致的信息，从而降低评级向下调整的市场反应，但对评级向上调整的市场反应没有影响；（3）更高的会计信息可比性降低了证券分析师对信息透明度较低公司评级调整的市场反应。信息透明度越低，更高的会计信息可比性能更大程度地降低证券分析师的信息优势，对证券分析师评级调整市场反应的负面影响越大；信息透明度越高，更高的会计信息可比性降低证券分析师信息优势的程度越小，对证券分析师评级调整市场反应的影响越不显著。

本书的研究贡献主要体现在以下方面：

现有研究探讨了更高的会计信息可比性对证券分析师预测水平的好处，忽略了对影响资本市场定价效率的证券分析师行为的研究。证券分析师乐观偏差和实地调研极具中国特色，中国市场缺乏完善的做空机制，我国证券分析师的乐观倾向更加普遍，并且中国具有独特的实地调研披露数据。为了弥补以往文献的局限，更有针对性地指导中国实践，本书扩展了对证券分析师乐观偏差、实地调研以及评级调整有效性的研究。

第一，从信息视角研究了抑制证券分析师乐观偏差的途径，丰富了证券分析师乐观偏差的理论文献。证券分析师乐观偏差关系资本市场健康发展、关系证券分析师职业发展，以往文献主要从利益角度分析了证券分析师乐观偏差的影响因素，但对减少证券分析师乐观偏差的研究较少，本书从公开信息的监督作用和成本权衡两个角度来考察会计信息可比性与证券分析师乐观偏差间的关系，为抑制证券分析师乐观偏差的方法探索了新的思路。

第二，从动态角度研究证券分析师利用信息的行为，完善了证券分析师实地调研影响因素和获取私有信息的理论文献。以往文献认为公开信息的质量和成本能够影响证券分析师预测水平，本书用实地调研代理私有信息，从证伪需求和竞争需求两个角度研究了会计信息可比性对证券分析师利用私有信息的影响，反映了证券分析师在预测时对公开信息和私有信息利用的动态调整，为证券分析师实地调研的影响因素提供了新的经验证据。

第三，从整体角度研究信息使用者之间信息差异变动对证券分析师价值的影响，完善了证券分析师评级调整有效性的理论文献。以往研究侧重于证券分析师特征对评级调整有效性的影响，本书从会计信息可比性对证券分析师与其他信息使用者之间信息不对称程度的影响出发，全面考量会计信息可比性对证券分析师评级调整有效性的影响，为正确评估证券分析师在资本市场的信息中介地位提供了新的实证依据。

第四，本书的结论也有一定的现实意义：就证券分析师而言，本书研究有利于证券分析师认识获取私有信息的正确方式，认清其市场价值受到外部信息环境改善带来的压力。就信息使用者而言，本书研究肯定了更高的会计信息可比性提升了其他信息使用者的分析能力，及其在加快信息融入股价效率中的作用。就监管机构而言，本书研究阐明了更高的会计信息可比性对整个资本市场的作用，帮助监管机构提高对可比性重要性的认识，为完善资本市场提供了思路。

目录

第一章　导　论

第一节　研究背景及研究意义

一、研究背景

美国信息管理专家霍顿认为，信息是为了满足用户决策的目的而经过特定加工后的数据。这个定义突出了信息的价值在于满足用户决策的需要。会计信息是为了满足信息使用者投资决策的需要，依据会计准则进行加工处理的反映公司财务状况、经营成果以及现金流量的信息。会计信息质量特征是衡量会计信息产品满足规定和相关需要特性总和的标准，准确地说就是衡量会计信息产品满足决策需要的标准。而会计信息可比性作为会计信息质量的重要特征，其主要功能是让用户能够识别和理解经济项目的相似和差异。会计信息可比性的这种特点与决策的过程比较类似，决策就是按照一个统一预定的标准在众多方案中比较权衡，从中选取最优方案。美国财务会计准则委员会（FASB，1980）指出“投资和贷款决策基本上涉及对替代机会的评估，如果无法获得比较信息，就无法合理地进行评估”。因此，会计信息可比性是与决策更相关的质量特征，也就是说会计信息可比性直接影响着决策的效率和质量。

资本市场的功能是通过有效的市场定价，将资源投放到能产生最大收益的投资机会中。在这个过程中信息是资源分配的指挥棒，信息的数量和质量决定了资源配置的效率，因此资本市场是由信息支配的市场。但由于公司与外部投资者之间存在信息不对称，导致信息难以发挥信号功能，而证券分析师作为缓解信息不对称的制度设计，能够发挥提高信息向股价传导效率，引导资源有效配置的作用。证券分析师凭借专业的知识与能力，通过整理公开信息，挖掘私有信息，形成对公司的判断并向投资者提供投资建议，换言之，证券分析师资本市场中介作用的发挥主要依赖于信息来源与个人能力，而信息作为证券分析师进行分析预测的基础，其数量和质量将对证券分析师的行为产生重要影响。由此可以合理推测，会计信息可比性作为会计信息质量的重要质量特征将会给证券分析师行为带来影响。

现有研究认为更高的会计信息可比性对证券分析师预测行为有积极的影响，能够增加证券分析师关注度、提升证券分析师预测准确度和降低证券分析师的预测分歧。此类研究框架被限定在对证券分析师预测行为的影响，却没有考虑会计信息可比性在证券分析师发挥资本市场信息中介作用中的影响，没有进一步分析会计信息可比性究竟会如何通过影响证券分析师行为来影响资本市场效率，也就没有回答会计信息可比性会如何影响资本市场这个重要问题。

这个问题的回答有助于探究证券分析师面对外部信息环境变化的反应、综合评估会计信息可比性对证券分析师市场价值的影响，以及思考会计信息可比性对资本市场的间接影响。对于这个问题的研究需要注意现有研究的四点不足：第一，现有研究限定于会计信息可比性对证券分析师特定群体的好处。证券分析师既是信息的解读者，也是信息的提供者，为了研究会计信息可比性对信息用户的好处，现有文献用证券分析师的信息解读者的身份代理信息用户，通过检验会计信息可比性对证券分析师预测行为的变化来定量分析会计信息可比性对信息用户的影响。更高的会计信息可比性降低了信息分析成本，由于跟踪公司的证券分析师数量是证券分析师的成本和收益函数，证券分析师基于自身利益权衡更愿意跟踪会计信息可比性高的公司；会计信息可比性高的公司拥有更高质量的信息集，能够让证券分析师更好地评估公司历史和当前的经济表现，还能让证券分析师更好地理解经济事件如何转化为会计业绩，从而提高预测准确度；会计信息可比性让具有相同预测模型的证券分析师获得更好的公共信息，导致证券分析师更多地倚重公开信息，减少私有信息需求，从而提升预测的一致性，减少预测分歧。但证券分析师只是众多信息使用者中一部分具有较高专业能力的群体，他们不能代表资本市场参与者的整体水平，因此在考量证券分析师对资本市场的作用时，要综合考虑会计信息可比性对不同信息使用者的影响。第二，现有研究将证券分析师限定为被动的信息接受者。诚然证券分析师是信息的解读者，但其工作产出（研究报告）也是投资者的信息来源和决策依据。由于信息不对称的普遍存在，对于普通投资者而言，高昂的信息搜集成本、专业知识和技能的缺乏以及研究时间的不足限制了投资者通过自身力量搜集和挖掘公司信息的能力。管理学认为，个体行为的绩效是其能力和动机的联合函数，因此证券分析师的预测水平与证券分析师的提升研究报告信息含量的动机和其具备的信息搜集加工能力相关。证券分析师拥有专业能力挖掘信息，而且其具有较好的信息获取能力，其发布的盈余预测和投资建议成为投资者依赖的评价业绩水平，进行投资决策的依据。由此，证券分析师研究报告是投资者信息来源之一，与公司其他公开信息存在竞争关系，证券分析师也有动机通过主动的信息获取行为来改进其发布研究报告的信息含量，提升其预测水平。第三，现有研究没有考虑证券分析师如何利用公开信息和私有信息进行预测。有效资本市场假说认为随着资本市场效率的提高，在市场中所有公开信息都已经反映到股价中，而基本面分析将失去作用，只有私有信息才能获取超额收益（Fama，1970）。在这种逻辑下，公开信息对证券分析师研究报告信息含量的增量贡献有限，而私有信息能够更好地增加证券分析师研究报告的信息含量。但私有信息的获取是有成本的，这种成本包括两部分，一是证券分析师要具备行业专长，证券分析师只有具备专业能力才能在加工处理公开信息后形成对公司经营管理情况的独到见解；二是证券分析师搜寻和挖掘内部信息，证券分析师凭借独有的渠道，在付出一定的成本后获取其他投资者没有的信息，从而取得信息的比较优势。如果获取私有信息的收益大于其付出的成本，那么证券分析师会调整其在预测中对公开信息和私有信息的利用程度，更多地倚重私有信息。第四，现有研究没有讨论对证券分析师乐观偏差的影响。乐观偏差是证券分析师影响资本市场效率的重要话题，证券分析师在进行分析预测时难免会受到所在公司的承销业务、交易佣金、自营业务的压力，也会出于取悦公司管理层获取私有信息和职业发展的动机发布偏乐观的报告（Bradshww，2011；曹胜和朱红军，2011；伍燕然等，2012；赵良玉等，2013）。这种乐观偏差对资本市场效率和证券分析师个人声誉都会造成不利影响：一方面股价无法反映公司的负面消息，导致市场定价偏高，降低资源配置效率，加剧股价崩盘风险（许年行等，2012）；另一方面，买方机构在投资决策时需要真正有信息含量的研究报告，如果证券分析师长期提供偏乐观的研究报告而不尽力提升研究报告的价值，必然降低投资者对证券分析师研究报告的信任度，降低其市场影响力（赵良玉等，2013）。对于证券分析师乐观偏差的讨论在中国资本市场尤其重要，这是因为中国资本市场缺少完善的做空机制，乐观偏差对证券分析师行业和资本市场的负面影响更大，因此探讨证券分析师乐观偏差的影响因素和降低证券分析师乐观偏差等问题具有重要的现实意义。

基于现有文献的不足，本书着重从证券分析师行为影响资本市场效率的角度，整体地、动态地研究会计信息可比性这个质量特征对证券分析师行为的影响。

首先，更高的会计信息可比性是否会抑制证券分析师发布偏乐观的研究报告。一方面，会计信息可比性越高，公开信息的质量越高，其他信息使用者更容易识别证券分析师的乐观偏差，从而抑制了证券分析师发布偏乐观研究报告的行为。可比公司的信息流动速度越快，可比的公司数量越多，大幅提升的信息数量和质量帮助其他信息使用者更好地理解财务报告背后的经济实质，正确评估公司的价值，并由此提升了其他信息使用者发现证券分析师隐藏坏消息的能力，使得其他信息使用者更容易识别证券分析师发布的偏乐观的研究报告。而证券分析师出于声誉成本的考虑，会减少发布偏乐观的研究报告，最终更高的会计信息可比性对证券分析师发布偏乐观研究报告的行为产生了抑制作用。另一方面，会计信息可比性越高，证券分析师可以利用的公开信息的质量和分析成本降低，而私有信息的获取需要付出成本，证券分析师在权衡两类信息的收益成本后，会选择在预测中更多地倚重公开信息，减少对私有信息的搜寻。证券分析师通过迎合管理层需求、与管理层直接接触等方式来获取私有信息。获取私有信息的成本表现在，证券分析师需要付出一定的精力和时间去参加电话会议、实地调研等，增加与管理层直接接触的机会并与管理层建立良好的关系；证券分析师也可以发布偏乐观的盈余预测来迎合管理层，放弃独立性来换取私有信息。这种交易方式对证券分析师来说是一把“双刃剑”：一方面，作为证券分析师掌握的尚未公布的私有信息，客观上能够提升证券分析师的预测水平；另一方面证券分析师牺牲独立性为管理层“站台”，导致其无视公司的真实情况而发布失之偏颇的研究报告，从而降低投资者对证券分析师的信任度，降低证券分析师的市场影响力，最终损害个人声誉。会计信息可比性从声誉机制和信息成本两个方面降低了证券分析师获取私有信息的动机，也就减少了证券分析师发布偏乐观研究报告的行为。目前文献研究发现证券分析师竞争产生的自律效应能够约束证券分析师的乐观偏差，因而加大证券分析师竞争有利于降低其乐观倾向（Hong and Kacperczyk，2010）；公平信息披露规则能够减轻私有信息对证券分析师乐观偏差的压力（谭跃等，2013）；还有研究发现卖空机制能够降低证券分析师的乐观倾向（Ke et al.，2018）。但现有文献没有从信息角度考虑对证券分析师乐观偏差的影响，有关会计信息可比性与证券分析师乐观偏差的关系需要得到验证。

其次，更高的会计信息可比性是否会影响证券分析师对信息利用的调整。证券分析师进行预测所利用的信息来源包括两部分，一部分是公开披露的信息，具有公共性，主要通过公司定期财务报告、管理层预测、媒体报道等渠道获取，这部分信息为所有的信息使用者共同获取和知晓；另一部分是私有信息，具有独特性，包括证券分析师利用信息特权获取的、交换的、或研究分析形成的证券分析师独有的异质信息，主要通过用良好的利益关系接触公司管理层（包括电话会议、实地调研等）、迎合管理层需求等多种形式获取私有信息。其中私有信息就来源可分为证券分析师运用专业知识和能力生成的新的异质信息和证券分析师通过特殊渠道或资源获取的尚未公布的私人信息。当更高的会计信息可比性改变了证券分析师可利用的公开信息的数量和质量时，证券分析师对信息的利用行为究竟会发生怎样的变化还不得而知，证券分析师的行为是收益和成本的函数，本书从证券分析师的利益角度去分析证券分析师对信息的利用行为。一方面，公开信息的增加可能减少私有信息需求。从证券分析师这个特定群体来看，更高的会计信息可比性让证券分析师在降低的信息分析成本，更高的信息质量中获得好处，让证券分析师将可比公司的信息作为盈余预测中的额外输入来提高预测水平，更好地解释公司的历史业绩，估算公司的未来发展。因此，公开信息的增加带来的好处降低了证券分析师付出成本搜集私有信息的动力，在这种情况下，证券分析师的最优选择应该是更多地倚重公共信息，而减少对私人信息的搜寻。另一方面，公开信息的增加可能加大私有信息需求。从信息使用者这个更大的群体来看，更高的会计信息可比性产生的信息增量是由可比公司的信息提供的，这样的信息越多，信息使用者获取的公开信息的质量越高，就越容易在对公司的比较中加深对公司经济实质的认识，对证券分析师凭借行业专长获取信息优势的冲击就越大。而且会计信息可比性越高的公司，其财务报告信息被行业内其他公司的信息印证越充分，因此证券分析师研究报告能够提供的新增信息就越少，信息使用者对证券分析师研究报告的依赖度就越低。在公开信息质量提高而研究报告信息含量下降的情况下，为了提高证券分析师的信息比较优势，证券分析师会加大对私有信息的搜寻来提高自身的市场价值。现有文献没有考虑会计信息可比性对证券分析师主动获取私有信息行为的影响，有关会计信息可比性与证券分析师私有信息获取的关系需要得到验证。

最后，更高的会计信息可比性带来的整体福利是否会降低证券分析师的市场价值。现有研究检验了更高的会计信息可比性对证券分析师特定群体的好处，在这里证券分析师代理的是信息使用者，因此可以说更高的会计信息可比性给所有的信息用户都带来了好处。假定证券分析师没有额外地去搜索新的信息，那么证券分析师与其他信息使用者共同面对的是较低的信息分析成本和高质量的公开信息集。在这种情况下，这种整体福利是否会削弱证券分析师凭借行业专长取得的信息相对优势，本书从两个方面来探讨这个问题。一方面，更高的会计信息可比性降低了证券分析师凭借行业专长在信息分析中获取的比较优势。行业专长是指证券分析师对特定行业的专业知识和专有技能，其被认为是证券分析师最重要的一项技能（Kadan et al.，2012），行业专长主要体现在最大程度地占有行业层面的信息上。行业层面信息包括两个内容：一种是行业基本信息，其主要反映证券分析师对于行业整体情况的了解和掌握，比如产业政策、行业发展的影响因素与发展前景等；另一种是行业内其他公司的信息，同一行业内公司面临的行业环境和发展模式是类似的，因此行业内的信息可以相互传递，相互佐证。已有研究认为行业专长能够影响证券分析师预测准确性（Stickel，1992；Clement，1999；Jacob，1999；Kadan et al.，2012）。证券分析师的行业专长能够从横截面和时间序列两个方面提升证券分析师的盈余预测水平。从横截面来说，具有行业专长的证券分析师能够从行业内的其所跟踪的其他公司的信息来补充公司信息披露的不足、佐证公司信息披露的价值，增加证券分析师在盈余预测中可利用信息的数量和质量，提高其盈余预测的准确度（Hilary and Shen，2013）。从时间序列来说，拥有行业专长的证券分析师如果对特定行业跟踪的时间长，那么其对行业内的商业模式、产业链和成长周期有着更加深入的了解和判断，能够更好地解读行业的影响因素和发展趋势，因而也能提高其盈余预测的质量。总之，证券分析师因为更多数量的跟踪行业内的公司和更长时间的跟踪行业的变动而形成行业专长，而行业专长反过来又帮助证券分析师在信息的加工分析中获得比其他没有行业专长证券分析师更多的信息比较优势。会计信息可比性与证券分析师行业专长有相似之处，更高的会计信息可比性也能够从横截面和时间序列两个方面提升公开信息质量，从横截面来说，不同公司经历同一组经济事件报告的财务报告应该相似，也就是说公司经历同一经济事项应输出相似的财务报告（Simmons，1967），公司经历不同的经济事项应输出不同的财务报告（Yip and Young，2012）；从时间序列来说，同一公司在前后期采用的会计处理方法应该保持一致。因此很自然地推断，更高的会计信息可比性确实削弱了证券分析师行业专长带给证券分析师的好处，降低了其他信息使用者对不同公司进行比较的难度，缩小了证券分析师与其他信息使用者的信息差距。另一方面，更高的会计信息可比性让其他信息使用者直接获取了更多信息，在作为信息中介的证券分析师发布研究报告之前就将部分新增信息反映到股价中。在各公司财务报告陆续发布的过程中，信息使用者因为公司间可比而对行业内的不同公司进行比较和分析，从而降低了信息分析成本，并增加了关于公司可用信息的总体数量和质量，使得信息使用者通过对可比公司之间的经济相似性和差异性作出更准确的推断，更好地理解和预测经济事件（FASB，1980）。由于信息使用者能够正确地理解经济事件，使得公开信息能够更好地融入股价，当证券分析师将对公司财务报告的分析表述到研究报告中，并提供给其他信息使用者时，此时研究报告的新增信息已经有一部分体现到现时股价中，导致证券分析师研究报告的信息含量相对较少，市场反应也就减弱。综合以上两个方面，会计信息可比性的提高会对不同的信息使用者都产生影响，但现有文献没有考虑会计信息可比性对不同信息使用者间的相互影响，有关会计信息可比性与证券分析师市场价值的关系需要得到验证。

综上所述，本书将从会计信息可比性对整体信息使用者的好处出发，系统研究会计信息可比性对证券分析师行为的影响。首先考察会计信息可比性对证券分析师乐观偏差的影响，其次讨论对证券分析师对利用信息调整的影响，最后探讨了对证券分析师评级调整有效性的影响。

二、研究意义

本书系统地研究了会计信息可比性对证券分析师行为的影响。研究具有一定的理论贡献和现实意义。理论贡献主要体现在以下几个方面：

第一，从信息视角研究了抑制证券分析师乐观偏差的途径，丰富了证券分析师乐观偏差的理论文献。证券分析师乐观偏差是关系资本市场资源配置效率和健康发展、关系到证券分析师个人职业发展的重要问题，现有文献主要从利益角度分析了产生证券分析师乐观偏差的原因，但对如何减少证券分析师乐观偏差的研究还很少，现有的研究主要是通过经济事件或制度变迁来检验其对证券分析师乐观偏差的影响，如券商合并、公平信息披露规则和卖空机制引入等。本书从公开信息的监督作用和成本权衡两个角度来考察会计信息可比性与证券分析师乐观偏差间的关系，证实了更高的可比性对证券分析师乐观度的抑制作用，为如何抑制证券分析师乐观偏差的方法探索了新的思路。

第二，将证券分析师作为理性经济人动态地研究证券分析师的行为，完善了证券分析师实地调研影响因素和证券分析师获取私有信息的理论文献。以往文献研究潜在假定证券分析师是一个静态的信息接受者，公司公开信息越多（Lang and Lundholm，1996）、信息披露越透明（方军雄，2007）、盈余质量越高（李丹和贾宁，2009）、所有信息的质量越高（郭杰，2009）、获取成本越低（王玉涛和王彦超，2012），证券分析师预测准确度就越高。外部信息环境的变化可能会影响证券分析师的信息收益，证券分析师作为一个“理性经济人”，会理性权衡其行为的收益和成本。当行业专长不能帮助证券分析师维持信息比较优势时，通过获取私有信息增加研究报告的信息含量的收益变大，证券分析师更倾向于加大对私有信息的获取。本书将证券分析师实地调研代理私有信息获取，考察了证券分析师如何调整公开信息和私有信息的利用比重，来应对更高的会计信息可比性削弱证券分析师行业专长获取信息优势的影响，为证券分析师实地调研的影响因素提供了新的经验证据。

第三，把作为资本市场信息中介的证券分析师作为信息使用者的一部分进行研究，完善了证券分析师评级调整有效性的理论文献。已有研究考察了更高的会计信息可比性对证券分析师带来的好处，但研究侧重于对证券分析师这个特定群体的好处。资本市场包括公司管理层、投资者、审计师、证券分析师等参与者，证券分析师是连接作为信息供给方的公司与信息需求方的投资者之间的桥梁，通过传递和挖掘信息改善公司和投资者间的信息不对称。本书在这个资本市场参与者的整体框架内，从其他信息使用者与证券分析师间信息不对称变动的角度，全面考量了会计信息可比性对证券分析师评级调整有效性的影响，为正确评估证券分析师在资本市场的信息中介地位提供了新的实证结论。

本书具有如下现实意义：

第一，就证券分析师而言，本书研究有利于证券分析师认识获取私有信息的正确方式，以及认清其市场价值受到外部信息环境改善带来的压力。当获取私有信息的收益大于成本时，证券分析师要加大与公司管理层的接触来获取私有信息，减少通过发布偏乐观研究报告交换私有信息的方式，这是因为第二种方式付出的成本更高；会计信息可比性的提高固然能对证券分析师的预测行为带来各种好处，但与此同时也提升了其他信息使用者对公司经营管理和未来发展的理解水平，让那些本来只有证券分析师凭借其行业专长才能获取的信息被其他信息使用者在公司财务报告中直接获取，证券分析师作为信息中介的功能被减弱。换言之，会计信息可比性的提高削弱了证券分析师在资本市场中信息中介的地位。证券分析师只有清醒认识到信息环境的变化对其相对信息优势的不利影响，才能有针对性地提升研究报告的信息含量，维持其信息中介的地位。

第二，就信息使用者而言，本书研究肯定了更高的会计信息可比性提升了其他信息使用者的分析能力，以及其在加快信息融入股价效率的作用。更高的会计信息可比性降低了对公司进行比较所需的专业知识和分析能力的门槛，让信息使用者可以在高可比性公司中获取额外信息，从而加深对经济事件向公司业绩转化过程的理解，更好地评估公司历史和当前的经济表现。因此，其他信息使用者能够在阅读公司财务报告后直接获取对公司基本面的判断，从而降低对证券分析师研究报告的依赖，更容易辨别证券分析师的乐观偏差，以及更早地将其他可比公司的增量信息融入公司股价中。本书研究认可了其他信息使用者对财务报告的理解能力、对证券分析师偏乐观报告的识别能力和在提高定价效率方面的作用，为其他信息使用者如何减少对证券分析师的依赖，抑制证券分析师的乐观偏差方面提供了借鉴。

第三，就监管机构而言，本书研究检验了会计信息可比性对整个资本市场的影响，有利于加大对会计信息可比性作用的重视。更高的会计信息可比性为资本市场带来了三个方面的好处：一是抑制了证券分析师发布偏乐观研究报告的行为，减少由于乐观偏差导致的股价高估，降低市场效率的损失；二是加大了证券分析师对私有信息的搜寻，将私有信息转变为公开信息，降低市场的信息不对称程度；三是加快信息转变为股价的效率，提高资本市场的定价效率。因此，监管层要更加重视会计信息可比性在资本市场中的作用，创造条件提高会计信息可比性，给信息使用者带来福利。本书研究从证券分析师行为的各个方面检验了会计信息可比性的作用，让监管层全面地认识其带来的好处，为监管层能够抓住提高市场效率的关键，更好地改进资本市场制度提供了经验证据。

第二节 研究思路及内容安排

一、研究思路

本书研究了会计信息可比性对证券分析师行为的影响。更高的会计信息可比性降低了信息分析成本，提高了公开信息质量，提高了证券分析师的预测水平，但这种好处并非专属于证券分析师，而是提升了所有信息使用者的分析和理解水平。在这种情境下，要综合考虑由高可比性带来的外部信息环境变化对证券分析师的不同影响：其他信息使用者会对与证券分析师利益相关的乐观偏差带来怎样的影响、证券分析师面对信息优势被削弱的不利局面会采取何种方式来维持与其他信息使用者原有的信息差距以及市场整体信息质量的提升是否会削弱证券分析师的信息中介地位？为了回答以上问题，本书对会计信息可比性与证券分析师行为的关系展开了探讨。

第一，本书检验了会计信息可比性对证券分析师乐观偏差的影响。更高的会计信息可比性提供了更高质量的公开信息，其他信息使用者更容易发现证券分析师的乐观倾向，证券分析师是否会考虑声誉的影响而减少偏乐观研究报告的发布，从而对证券分析师的自利行为产生监督作用；公开信息的增加导致私有信息需求的降低，是否会减少证券分析师用偏乐观的研究报告交换公司管理层私有信息的动机。证券分析师乐观偏差降低资本市场效率，对于不具有完善做空机制的中国如何抑制证券分析师乐观偏差是一个重要的研究问题，由此本书考察了会计信息可比性对证券分析师乐观偏差的影响。

第二，本书检验了会计信息可比性对证券分析师实地调研的影响。更高的会计信息可比性增加了可比公司的增量信息，当这些信息与被比较公司信息不一致情况下是否会增加证券分析师的信息证伪需求，从而加大对私有信息的搜寻；面对信息比较优势的降低，证券分析师是否会采取措施，以及采取何种措施来提升研究报告信息含量，维持其资本市场信息中介的地位。对于证券分析师而言，研究报告信息含量的提高方式无外乎两种：一种是提高行业知识和专业技能，加大从公开信息中生产异质信息；另一种是从与管理层的直接接触中获取私有信息或放弃独立性换取私有信息。本书假定证券分析师通过公开信息获取异质信息的能力不变，在这里仅考虑与管理层直接接触获取私有信息方式，研究会计信息可比性与证券分析师实地调研的关系。

第三，本书检验了会计信息可比性对证券分析师评级调整有效性的影响。更高的会计信息可比性改善了信息分析成本和信息质量，由于省去了公司之间比较需要的专业知识和调整计算，可比性更高的公司对其他信息使用者的信息改善幅度更大，而且其他信息使用者会将从可比公司财务报告中获取的增量信息直接融入股价，由此会降低后期证券分析师研究报告的信息含量。那么会计信息可比性的提高是否会降低证券分析师研究报告的有效性，为了回答这个问题，本书对会计信息可比性与证券分析师评级调整市场反应关系展开了研究。

综上所述，本书从会计信息可比性给信息使用者带来的整体福利出发，研究了其对作为资本市场参与者的证券分析师行为的影响。先从证券分析师行为入手，探讨会计信息可比性对证券分析师乐观偏差及实地调研的影响，再从市场反应出发，考察会计信息可比性对证券分析师评级调整有效性的影响。本书按照逻辑顺序逐步深化研究问题，形成了会计信息可比性与证券分析师行为关系的研究框架。本书研究思路如图 1－1 所示。

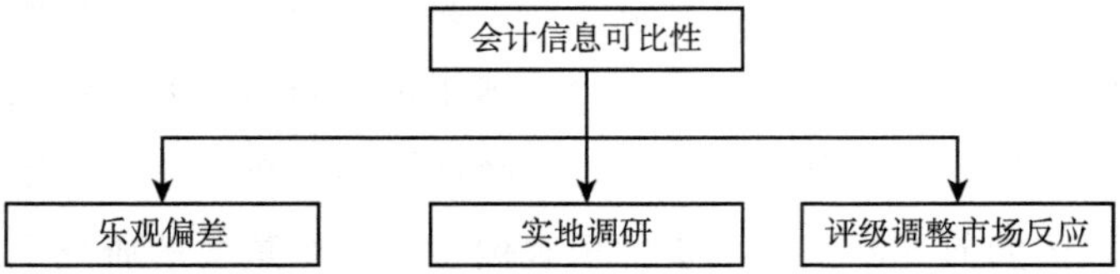

图 1-1　本书研究思路

二、研究内容及章节安排

全书按照研究进度分为六章，每章的主要内容概括如下：

第一章为本书的导论。主要阐述本书的研究背景、理论价值和现实意义，并说明本书的研究思路、章节安排及本书的创新性。

第二章为文献综述。一是，回顾了会计信息可比性的概念、分类、研究历程、度量方法以及经济后果等；二是，梳理了证券分析师的信息来源、乐观偏差、实地调研和研究报告市场反应等与证券分析师行为相关的文献；三是，本书着重评述了会计信息可比性对证券分析师行为影响的文献。通过对已有文献的回顾、梳理和述评，以期为后续实证研究提供坚实的理论基础。

第三章为制度背景介绍。首先，介绍了我国资本市场发展及现状；其次，介绍了美国和我国证券分析师行业的发展和现状，并对两国的差异进行了比较分析；再次，对证券公司利益和证券分析师个人利益对利益驱动下的乐观倾向分别进行了介绍；最后，对我国证券分析师实地调研的制度背景进行了描述。通过对制度背景的介绍和回顾，可以更好地理解本书研究问题的重要性及创新性。

第四章研究了会计信息可比性对证券分析师乐观偏差的影响。更高的会计信息可比性是否会对证券分析师的乐观偏差产生监督作用，而且证券分析师是否会因为公开信息质量提升，而减少通过放弃独立性交换私有信息的动机，本书需要对研究会计信息可比性对证券分析师的乐观偏差的影响。

第五章研究了会计信息可比性对证券分析师实地调研的影响。更高的会计信息可比性改变了现有信息环境。一方面，市场上不一致信息的增加是否加大了证券分析师的信息证伪需求；另一方面，证券分析师与其他信息使用者信息不对称程度的降低，是否会导致证券分析师为了维持自身的信息优势而加大对私有信息的搜寻。本书仅考虑与管理层直接接触获取私有信息方式，研究会计信息可比性与证券分析师实地调研的关系。

第六章研究了会计信息可比性对证券分析师评级调整市场反应的影响。更高的会计信息可比性改善了信息获取成本和信息质量，这种好处对其他信息使用者的信息改善幅度更大，因而降低了证券分析师利用行业专长获取信息的比较优势，而且其他信息使用者将这种改善的信息直接融入股价，所以会计信息可比性的提高是否会降低证券分析师研究报告的信息含量，本书需要研究会计信息可比性对证券分析师评级调整有效性的影响。

第七章是本书结尾部分，先总结了研究结论，然后分析据此得到的启示和政策建议，最后对研究局限和未来值得探究的内容进行了说明。全书结构安排如图 1－2 所示。

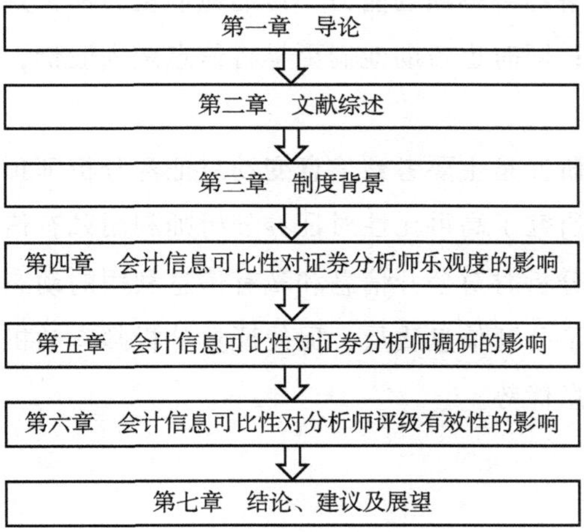

图 1－2　全书结构安排

第三节　本书主要创新

本书将规范研究与实证研究相结合，探讨了会计信息可比性对证券分析师行为的影响，并考察了作用机制。本书相较以往研究的创新主要体现在以下几个方面：

第一，以前的研究考察了会计信息可比性对预测准确度、分歧度的影响，本书考察了对预测乐观偏差、调研行为和预测报告有效性的影响，是基于以前研究的一个拓展。证券分析师的乐观偏差和调研行为与资本市场效率紧密相关，证券分析师乐观偏差导致公司价值高估，损失市场效率；调研行为可以更多地获取关于公司的私有信息，并通过证券分析师研究报告转化为公开信息，提高市场效率。而且由于中国市场缺乏完善的做空机制，导致对于证券分析师乐观偏差的研究对于中国市场更加重要；由于中国要求强制披露实地调研数据，使得对于实地调研的研究也具有一定的独特性。

第二，以前的研究是从高可比性带给证券分析师特定群体的好处，是高可比性对公司与证券分析师之间信息不对称的缓解。本书研究了高可比性带给整个市场信息使用者的好处，是高可比性对证券分析师与其他信息使用者之间信息不对称的降低。这种信息不对称程度的降低来源于更大幅度地提升了其他信息使用者分析和理解经济事项的能力，帮助他们更容易识别证券分析师乐观偏差，发挥监督作用；同时也帮助他们更早将信息融入股价，降低证券分析师研究报告的增量信息。

第三，以前的研究是主要考察信息变动对证券分析师预测行为的影响，是单向的分析。本书研究了高可比性对证券分析师利用私有信息的影响，反映了证券分析师在预测分析时对公开信息和私有信息利用的动态调整，是双向的分析。高可比性提高了公开信息质量，促使证券分析师有动机更多地搜寻私有信息来维持自身的信息优势。

第二章　文献综述

针对所研究的主要问题，本书将重点回顾两个方面的问题。首先，回顾会计信息可比性相关的文献。其次，回顾证券分析师行为方面的文献，该领域的已有文献主要关注证券分析师乐观偏差、证券分析师实地调研和证券分析师研究报告的市场反应。

第一节　会计信息可比性领域研究综述

会计信息可比性是会计信息的质量特征之一，是为会计信息实现会计目标而对会计信息的约束。会计信息的目标是为提供决策相关的信息，帮助投资者、债权人等做出资本配置决策。要达到资本配置决策的优化，需要利益相关者能够对备选的投资机会进行比较和分析，按照一定的标准从中选择最优的方案。如果无法对投资机会做出比较，那么管理层可以随意操纵公司的财务状况和经营业绩信息，而这种会计信息的不可比导致投资者无法做出正确的选择，降低投资效率。会计信息可比性能强化财务报告的有用性决策相关性，帮助信息使用者在对不同公司的财务状况和经营业绩比较中得到准确的判断，提高投资决策效率，增强投资者自信（FASB，1980，2010；IASC，1989；IASB，2008；SEC，2000）。因此，会计信息可比性不仅对高质量的财务报告至关重要，也是与投资决策最相关的质量特征。

一、会计信息可比性概念和度量

（一）会计信息可比性的概念

会计信息可比性是指在经济业务相同时，相同公司的会计信息应能反映相同的情况，不同公司的会计信息能反映其差异。西蒙斯（Simmons，1967）认为要正确理解会计信息可比性的概念，最重要的是能够以同等程度去反映公司经济环境中的不同事项。1980 年，美国财务会计准则委员会（FASB）在其财务会计概念公告《会计信息的质量特征》对可比性作出明确要求，会计信息可比性能够使信息使用者比较两类经济现象的异同，其强调了不同公司在会计信息输出方面的相似度（FASB，1980）。1989 年，国际会计准则委员会（IASC）在《关于编制财务报表的框架》中指出，对于公司与其他公司，以及公司当期和前期而言，都要用同等的或者前后一致的方法来反映同样的交易（IASC，1989）。随后，国际会计准则理事会（IASB）在其财务报告准则框架中，将会计信息可比性与会计信息相关性、可靠性等并列为重要的会计信息质量特征，其初衷就是让信息用户能够从财务报告中正确地判断出哪些事项一样，哪些事项不同，进而能够比较出事项的相同点和差异点。而且，会计信息可比性还能帮助信息用户在横截面和时间序列两个方向全面地比较事项的异同。2006 年我国颁布的《公司会计准则——基本准则》也对我国的会计信息的可比性进行了规定，要求公司应该对交易事项的反映保持相对一致的口径，不同时期的会计政策也要确保一致，应当在合理范围内选择规定的会计政策，确保选择的政策能够反映交易事项的实质，如实反映也是实现会计信息的可比。德佛朗哥（De Franco et al.，2011）根据会计系统是从经济事件到财务报表的映射这一概念来构建可比性的定义：给定一组经济事件，如果两家公司产生相似的财务报表，那么它们的会计系统具有可比性。

（二）会计信息可比性的分类

按照会计信息可比性的内容可以分为横截面方向和时间序列方向的比较。国际会计准则委员会（IASC）在《关于编制财务报表的框架》中，从主体和时间两个维度将会计信息可比性分为两类。贾建军（2007）认为财务报告主体对会计准则选择的不同影响同一时期公司之间的比较，财务报告主体变更会计政策和会计估计影响公司不同时期的比较。另外，会计信息可比性还有其他分类形式，夏冬林和李晓强（2005）根据会计信息的表现形式，将会计信息可比性区分为会计准则可比性、会计实务可比性以及财务报告金额可比性。会计准则的可比只是遵从相同的会计准则，从形式上看起来可比，但会计信息的可比还要贯彻到具体的执行过程中，如实地反映交易的经济实质才能真正实现实质上的可比，而会计信息可比的结果就是财务报告金额的可比，也就是说会计信息的形式可比和实质可比的共同实现才能使得财务报表金额的可比。会计准则的实质可比具体包括三个方面的内容：采用相同的会计政策或会计方法、能够对会计准则具体条款形成一致理解、能够对会计准则具体条款做到一致遵从。

（三）会计信息可比性的研究历程

1973 年 6 月，国际会计准则委员会（IASC）成立，其基本目的是通过协调会计活动，制定一套在世界范围内被接受并执行的通用会计准则。20 世纪 80 年代，全球资本市场不断开放，各个国家独立执行的会计处理方法成为全球化经济合作与发展的阻碍。为了解决跨国或跨行业的会计信息不可比的问题，1987 年，国际会计准则委员会启动了“可比性与改进计划”项目，初步形成了国际会计准则体系（IAS），并在 1999 年前后基本完成了对国际会计准则的全面修订，此后的国际会计准则理事会（IASB）发布的国际财务报告准则（IFRS）进一步完善了准则内容。经济和资本的全球化促使世界上越来越多的国家或地区认可和接受国际财务报告准则，IASB 的统计数据表明，截至 2017 年全球范围内有 126 个国家或地区采用了国际财务报告准则，此外有 13 个国家和地区允许或要求国内部分公众责任主体采用国际财务报告准则（刘启亮等，2018）。

基于采用统一的全球准则能够促进世界资本市场效率的信念，国际财务报告准则的目标是使全球资本市场使用单一的高质量全球准则。在国际会计准则协调与趋同的背景下，学者开始研究会计准则和实务的协调问题，想就此回答会计准则趋同是否能够实现会计信息可比性，如何提升会计信息可比性的问题，并由此开始了对会计信息可比性的研究。

然而，基于会计准则或实务协调来考察会计信息可比性问题是一种间接的方法，这种方法存在以下不足：一是，这些方法不符合会计信息可比性的内涵。此类研究都间接地在国家会计准则协调层面进行考察，而没有从其内涵（可比性使得同样的项目看起来相似，不同的项目看起来不同）进行研究；二是，这些方法都是没有考虑准则的执行问题。会计准则趋同是实现会计信息的必要条件，但并非充分条件，并不必然导致会计信息可比。这是因为财务报告准则的实施效果最终取决于是否严格遵从准则规定，以及审计人员的审核和监管机构的监督，这就使得要研究的问题和实际研究的问题出现计量误差；三是，这些方法都是定性的研究方法。对国家之间会计准则的比较或与执行 IFRS 的比较是对会计可比性的定性研究，因而只能是对会计信息可比性的近似研究。

导致同时期对会计信息可比性直接研究滞后的主要原因是难以对微观层面的会计信息可比性进行测度。与其他利用单个公司数据计算的会计信息质量特征不同的是，会计信息可比性是一个相对概念，巴特（Barth，2013）认为可比性与单个项目无关，是涉及至少两个项目之间的比较。因此对于会计信息可比性的度量需要寻找与单个公司可比的其他公司，在公司组合的基础上采用适当的衡量方法来比较公司之间的信息可比程度。Schipper and Vincent（2003）认为会计信息可比性的计算不能依赖公司的自身数据，因此会计信息可比性的测度在技术层面上要比其他质量特征困难。对于基于会计准则和实务国际协调的差异来衡量会计信息可比性的研究来说，会计信息可比性是国家间的准则趋同的整体近似测度值，这种研究侧重于国家和行业层面对制度或准则符合程度的比较，虽然存在计量误差，但方法简单，也能够近似地评价公司所在国家的会计环境和为政策制定者提供实践依据。

随着会计信息可比性内涵和研究技术手段的发展，De Franco et al.（2011）开创性地提出了基于输出的定量测度会计信息可比性的方法，其在定义会计系统概念的基础上建立了盈余—收益模型，通过比较不同公司组合之间的会计系统的差异来测度会计信息可比性，从而可以在公司层面对会计信息可比性进行研究。会计信息可比性测度方法的创新推动了相关实证研究的发展，在此方法提出后，学术界出现了较多的关于公司层面会计信息可比性的实证研究，如对会计信息可比性测度的改进、会计信息可比性的影响因素及其经济后果等。

（四）会计信息可比性的度量

理论指导实践很好地阐释了会计信息可比性的研究历程。在早期的会计信息可比性的研究中，认为只要公司采用同一套财务报告准则就实现了会计信息的可比，因此出现了许多用利用会计准则协调或会计方法协调，间接测度会计信息可比性的文献。随着学术界加深对会计信息可比性内涵的认识，有学者提出可比性是指对相同的事项有相同的反映、不同的事项有不同反映，在此内涵的指引下，又发展出了各种不同的公司层面对会计信息可比性的度量方法。因此，虽然会计信息可比性是一个关系投资决策的重要会计信息质量特征，却因为对其内涵认识仍然停留在会计准则趋同阶段，导致其在测度方面一直没有进展，关于可比性的研究相对其他会计信息质量特征的研究明显滞后，直到 De Franco et al.（2011）基于盈余—收益回归模型，创新设计出公司层面的测度方法，才为会计信息可比性的定量研究创造了机会。下面将对会计信息可比性的测度方法进行简要的介绍。

1. 基于国家和行业层面的测度

这类方法主要包括会计准则协调的测度、会计实务协调的测度、价值相关性测度和评级机构调整程度测度。一是会计准则协调的测度。Rahman et al.（1996）用多元判别分析中的马氏距离测度了澳大利亚和新西兰会计准则的协调。Fontes et al.（2005）用欧氏距离、Jaccard 相似系数和 Spearman 相关系数测度了葡萄牙与国际会计准则之间的差异。类似的研究都是比较国家之间的会计准则差异或者与国际会计准则的差异来近似会计信息可比性，但是会计信息是否可比是各方面因素综合影响的结果，其不仅在形式上受到会计准则趋同的影响，就实质而言，不同的准则执行力度也会导致不同的会计信息可比性（Leuz and Wycoki，2008），而且投资者保护、公司治理以及监管等都能影响会计信息可比性（Ball et al.，2003；Ball，2006；Soderstrom and Sun，2007）。总之，会计准则趋同不必然导致会计信息可比，这种近似研究有较大的计量误差。二是会计实务协调的测度。范德塔斯（Van der Tas，1998）计算了公司总体对实务会计选择的总体可比性。具体是用 H、C、I 指数测度会计方法的协调，其中 H 指数和 C 指数衡量一国内部的会计方法协调程度，I 指数衡量国家间的会计实务协调程度。H 指数是指所有公司选择一种或几种会计方法的集中程度，集中度越高表明会计信息可比性越高，C 指数考虑了用多种会计方法编制多重报表的情况。胡志勇（2008）认为在公司的整体层面上，无法反映单个公司与其他公司在会计方法选择上的可比性，由此构建了 Gower 指数，从公司间会计方法选择来度量可比性。虽然这些方法将研究对象细化到公司执行准则的实务层面，相对会计准则协调的研究有较大的进步，但仍然没有解决对会计信息可比性近似研究的问题：会计方法的可比也不意味着信息可比，并且这种方法需要人工判断，误差和成本都较大。三是价值相关性测度。Barth et al.（2012）提出了价值相关性度量。即用三个线性回归的完整模型和嵌套模型拟合之差来衡量可比性：净资产和净利润对股价的拟合、净利润及其变动对股票回报的拟合以及净利润对未来现金流的拟合。Yip and Young（2012）用奥尔森（Ohlson，1995）模型来检验会计盈余与净资产的信息含量对公司的影响是否相似，并以此方法研究了欧盟国家强制执行国际财务报告准则与会计信息可比性的关系。用资本市场相关指标大数据检验的方法来衡量会计信息可比性在测度方法上又迈开了一大步，但由于缺乏基准比较，判断标准较为主观等原因导致结论认同度不高。四是评级机构调整程度测度。Kim et al.（2013）通过研究债券市场参与者的行为，认为债券市场参与者会对会计报告不可比的会计数字进行调整，使得数字能够反映潜在的经济事项来提高财务报告的可比性。基于此，对会计数字调整越小，说明报告本身的可比方便了信息使用者进行比较和分析，会计信息可比性越高。相反，会计数字调整越大，说明报告的使用需要信息使用者运用更多的判断和分析。这种方法相对直观，但数据的可得性比较差。

2. 基于公司层面的测度

这类方法主要包括会计系统的测度、盈余共变的测度以及应计之差的测度。

关于会计系统的测度。De Franco et al.（2011）将会计系统定义为从经济事件到财务状况的映射，并将这个概念表示为：

$$Financial\ Statament_i = f_i(Economic\ Events_i) \qquad (2-1)$$

其中，函数形式表示公司 i 的会计系统。如果映射相似，两家公司有可比的会计系统。函数式说明公司的财务报表是经济事件和会计事件的函数。按照这个逻辑，财务报表可比性可以定义为，对于给定的一组经济事件，如果两家公司产生了相似的财务报表，那么它们的会计系统具有可比性。也就是说，两家可比的公司应该具有相似的映射，这样对于给定的一组经济事件，两家公司的财务报表相似。具体操作方式是用股票收益代理经济事件对公司财务报告的净影响，用报告收益衡量财务报告。对于每个公司年度，采用前 16 个季度的数据估计如下等式：

$$Earnings_{i,t} = \alpha_i + \beta_i Return_{i,t} + \varepsilon_{i,t} \qquad (2-2)$$

Earnings 为季度非经常项目前净收入与期初股票市值之比，Return 为季度股票收益。这个方程就是会计系统，如此衡量两家公司会计信息可比性的问题就转化为观察经历同一组经济事件的两家公司的会计系统的相似度的问题。这里将经济事件带入两个会计系统来预测盈余，如果会计盈余相似，那么财务报表就相似。具体计算方法如下：

$$E(Earnings)_{i,i,t}=\widehat{\alpha_i}+\widehat{\beta_i}Return_{i,t} \tag{2-3}$$

$$E(Earnings)_{i,j,t}=\widehat{\alpha_j}+\widehat{\beta_j}Return_{i,t} \tag{2-4}$$

$E(Earnings)_{i,i,t}$是在期间 t 中，给定公司 i 的函数和公司 i 的回报的公司 i 的预期盈余，$E(Earnings)_{i,j,t}$是在期间 t 中，给定公司 j 的函数和公司 i 的回报的公司 j 的预期盈余。在明确保持经济事件不变的情况下，就得出了两个公司会计系统的差异。文章将公司 i 和公司 j 之间的会计可比性（$CompAcct_{ijt}$）定义为使用公司 i 和公司 j 的函数的预期盈余的平均绝对差的相反数。

$$CompAcct_{i,j,t}=-1/16\times\sum_{t-15}^{t}\left|E(Earnings)_{i,i,t}-E(Earings)_{j,i,t}\right| \tag{2-5}$$

$CompAcct_{i,j,t}$数值越大，说明会计信息可比性越高。除了公司两两组合之间的可比性度量方法，作者还介绍了单个公司层面的会计信息可比性的度量。具体地说，就是在对行业内某一公司配对所有其他公司的组合的可比性排序，将排序最高的 4 个公司组的平均值作为这个公司的可比性度量。作者通过检验该指标与信息环境的关系，证明了测度的有效性。但也有学者认为公司盈余只反映了财务报表的一个维度，即损益表视角，资产负债表也是需要反映的视角，因此有必要在未来考虑建立多维度的测度方法。关于盈余共变的测度。De Franco et al.（2011）还提到了盈余共变的测度方法，因为有投资者认为即使会计函数本身并不相同，会计盈余本身也能够担任可比性的角色。具体来说，人们可以想象两个公司中，会计盈余随时间变化而共变，用一家公司的盈余信息来预测另一家公司盈余对投资者而言是有信息含量的。采用这种方法的好处是不用事先定义和估计会计系统。为了实现这个替代度量，作者用行业内所有公司的两两组合中一家公司的盈余对另一家公司盈余 16 个季度的拟合度作为可比性。也就是说两家公司盈余共变性越高，会计信息可比性越高。这种方法意图通过扩展会计的定义来融入经济事件对盈余的影响，但这种影响可能主要是由经济事件的差异，而不是对这些事件记账的差异导致的，比如商业模式能够影响随时间的盈余共变，作者采用了控制公司之间的股票回报和现金流的相关性来缓解这个因素的影响。关于应计之差的测度。弗朗西斯等（Francis et al.，2014）认为应计项目是会计盈余的主要组成部分，受到管理层自由裁量权的支配，因此如果两家公司的会计系统相近，那么公司对利润中的应计利润接近度就越高。具体做法是用行业内所有两两公司组合的总应计利润的差异或可操纵性应计利润的差异衡量会计信息可比性，差异越小意味着会计信息可比性越高。

$$Diff\_Total\_Accruals_{i,j,t} = abs(Total\_Accruals_{i,t} - Total\_Accruals_{j,t}) \qquad (2-6)$$

其中，$Diff_Total_Accruals_{i,j,t}$是对于 t 年度行业内的两两公司组合总应计项目之间差值的绝对值，这样可以计算出相同行业和年度所有两两公司组合的可比性。

二、会计信息可比性经济后果

会计信息使用者作为会计信息的用户，预测未来收益是一项共同的任务。这里用户的定义不仅包括证券分析师，还包括投资者，尤其是那些从事估值工作的投资者。会计信息可比性作为会计信息的一项重要质量特征，可以帮助会计信息用户评估公司历史业绩并预测未来发展，或者利用财务报告信息作出其他决策，被普遍认为是会计信息用户的一项宝贵属性。下面本书区分不同的会计信息用户回顾会计信息可比性带来的影响。

（一）对投资者的影响

投资者是会计信息的最终接受者，市场能够正确地定价需要投资者做出正确的判断和决策，因此会计信息的质量水平是市场能够正确发挥资源配置作用的基础。对投资的影响主要体现在提升决策水平、降低投资风险，进而降低公司的资金成本、增加跨国投资比例以及降低投资者的预期风险等方面。Li（2010）用 IFRS 与当地执行的会计准则的差异程度来衡量会计信息可比性的高低，发现强制执行 IFRS 后显著降低公司资本成本的原因是会计信息可比性的提高，而且这种影响仅存在于制度环境及法律执行体系较好的国家。Fang et al.（2016）研究发现，会计信息可比性缓解了债务双方的信息不对称，为公司争取到更好的贷款条件（贷款利率、质押率、期限等）。Imhof et al.

(2017）认为会计信息可比性帮助权益投资者准确评估公司的发展前景和未来现金流，降低权益投资风险，进而降低公司的权益资本成本。Yu（2010）在改进了用国家间准则差异度量会计信息可比性的方法（Bae et al.，2008)，提出了用执行 IFRS 后会计距离变化的“会计距离法”衡量会计信息可比性，发现会计距离的减少提高了会计信息可比性，降低了外国投资者的信息加工成本，增加了对外投资基金的投资比例。De Fond et al.（2011）用执行 IFRS 后行业内用相同会计准则的公司数的增长倍数衡量会计信息可比性，通过检验 14 个欧盟国家上市公司发现，会计信息可比性增加了公司获取境外投资的可能，这种影响归因于会计信息可比性降低了信息处理成本，提高了投资效率。Kim et al.（2016）在检验 1996～2013 年的美国公司后发现，会计信息可比性降低了投资者的事前预期风险，这种对预期风险的抑制作用在较差的信息质量环境、外部审计监督不力或行业竞争激烈程度较低的情境下更加显著，管理层因此更难隐藏坏消息，投资者股价崩盘预期也相应降低。

（二）对证券分析师的影响

证券分析师在收集公司信息的基础上向投资者提供投资建议，财务报告信息是证券分析师的重要信息来源，会计信息可比性作为会计信息的质量特征对于证券分析师行为而言有着重要影响。对证券分析师的影响主要体现在增加证券分析师关注度、提高证券分析师预测准确度以及降低分歧度等方面。Bae et al.（2008）通过检验 1998～2004 年 49 个国家间会计准则的差异，发现国家间的会计准则具体条款规定的差异程度越小，证券分析师预测的经济成本越低，跨国跟踪他国股票的证券分析师越多，预测准确度越高。De Franco et al.（2011）通过改进度量方法首次从公司层面检验会计信息可比性对证券分析师盈余预测的影响。其先从会计系统是从经济事件到财务报表的映射这一概念来定义会计信息可比性，并将两家公司对给定一组经济事件产生的财务报表的相似度来度量会计信息的可比性。在此基础上发现，会计信息可比性降低了信息分析成本，增加了证券分析师跟踪同行业内另一家公司的可能性；公司之间的财务报告属性更加一致，使得证券分析师的预测偏差系统化而使预测准确度提高；提供了高质量的信息集，使得使用类似模型的证券分析师预测分歧度降低。Horton et al.（2013）发现执行 IFRS 带来了高质量的信息和可比性，提升了证券分析师预测准确度和信息环境质量测度。Fang et al.（2015）也得出了类似结论。

（三）对审计师的影响

审计师也是财务报告的使用者，其通过审计工作为公司的会计信息提供鉴证服务，因此公司财务报告质量会对其审计工作产生重要影响。对审计师的影响主要体现在提高审计效率、降低审计收费、减少审计时滞以及降低错误发表审计意见的可能性。Kang et al.（2015）通过研究韩国的审计事件，发现会计信息可比性降低了审计师获取信息的成本及理解信息所要付出的努力，提高了审计工作效率，然而更高的证券分析师关注度会降低这种影响。Zhang（2018）在对2000～2011年美国公司的研究中，发现会计信息可比性能够降低审计费用，减少审计时滞，降低错误发表审计意见的概率，这说明会计信息可比性强化了会计信息对外部审计的有用性。陈玥和江轩宇（2017）发现，会计信息可比性减少了审计师的工作量，降低了审计收费，但代理问题会减弱这种影响。谢盛纹等（2017）发现，会计事务所变更降低了客户公司的会计信息可比性，新任审计师会因为会计信息可比性降低而收取更高的审计费用，并更可能出具非标审计意见，这说明提高会计信息可比性可以保持公司与会计师事务所的良好关系，并降低会计师事务所的审计收费。

综观文献，会计信息可比性对信息用户的研究主要集中在对投资者决策带来的好处，如提升决策水平、降低预期风险，提高投资效率等。但对证券分析师行为的影响研究较少，证券分析师作为沟通公司信息提供者与投资者之间信息的桥梁，更需要去研究会计信息可比性对证券分析师行为的影响，进而了解会计信息可比性如何通过证券分析师的信息中介作用影响资本市场效率。

三、会计信息可比性的文献述评

关于会计信息可比性的文献相对较少，会计信息可比性从早期基于宏观层面的国际财务报告准则协调的定性研究，到现在基于微观层面的公司间信息比较的实证研究，其发展离不开对会计信息可比性内涵的理论创新和可比性测度方法的逐步发展。近年来在会计信息可比性度量方法创新的基础上，更多的学者开始用实证的方法研究会计信息可比性的影响因素和经济后果。但会计信息可比性作为一种与投资者决策相关的会计信息质量特征，更直接、更重要的研究应该是从信息的角度明确会计信息可比性如何影响信息使用者，及其对资本市场效率产生何种影响。虽然国外已有文献就会计信息可比性与证券分析师行为的关系进行了研究，但对与资本市场效率相关的证券分析师行为，如乐观偏差、实地调研等却尚未涉足。因此，本书将在前人研究的基础上，对会计信息可比性与证券分析师行为的关系作进一步探讨。

第二节　证券分析师行为领域研究综述

一、证券分析师信息来源

证券分析师作为资本市场的信息中介，其工作职责就是利用其专业技能与信息搜寻的优势，对信息进行获取和加工，最后以研究报告的形式向资本市场传递有价值的信息。证券分析师获取的信息集包括公开信息和私有信息。公开信息是在公开渠道被所有信息使用者获取的关于宏观经济、行业发展以及公司经营的各方面信息（Barron et al.，1998）。私有信息是证券分析师通过信息搜集和加工后形成的证券分析师个人独占的信息。私有信息按照其获取方式又可分为证券分析师通过个人能力或占有资源获取的信息，如证券分析师基于与管理层良好的私下关系，或基于强大的证券公司资源与上市公司维持特殊利益关系获取的信息；以及利用个人专业知识和分析技能从公开信息中获取的异质信息。私有信息可以转化为公开信息，证券分析师在获取私有信息后通过研究报告或私下交流的形式传递给其他信息使用者，使私有信息变成公开信息，从而提高资本市场的信息数量和质量。证券分析师在利用信息进行盈余预测时，会根据其占有的信息情况以及信息获取的成本收益动态地调整其所倚重的信息比重（方军雄，2007）。证券分析师进行盈余预测的重要信息来源是上市公司发布的公开信息（Schipper，1991），相比私有信息，公开信息具有获取成本低、信息质量高的优势。证券分析师获取公开信息的来源主要包括公司公开披露的定期财务报告（DeBondt and Thaleer，1985；胡奕明等，2003a，2003b；胡奕明和林文雄，2005；Lehavy et al.，2011；洪剑峭等，2013）、管理层预测（Williams，1996；Merkley et al.，2013）以及媒体报道等。

有效资本市场假说认为，在有效的资本市场中，利用技术分析和基本面分析等都将变得无效，只有那些还没有融入股价中的私有信息才能帮助投资者获取超额收益（Fama，1970）。伴随着资本市场的逐步发展，公开信息披露的日趋完善，利用公开信息来获取超额收益的模式变得越来越困难，证券分析师要想在信息占有中保持自身的比较优势，获取私有信息的能力对证券分析师而言变得越来越重要，并逐步成为证券分析师的主要信息来源（Chen et al.，2010；Chen and Jiang，2006）。我国的强制信息披露的历史较短，公开信息披露还存在内容不完整、披露不及时等问题，而愿意主动进行信息披露的信息数量和信息内容还较为有限，整体来说，相对于发达国家，我国上市公司财务报告信息质量不高。但在中国的资本市场，私有信息对于证券分析师同样有着重要的地位，具有显著的资产定价效应（李明毅和惠晓峰，2007），证券分析师把私有信息看成其拥有的信息资源优势，并依靠这种优势在机构投资者中建立自己的声誉。

证券分析师获取私有信息一方面来源于其凭借专业技能对公开信息的独到见解；另一方面来源于其凭借个人能力私下挖掘的内部信息（Ivkovic and Jegadeesh，2004；Asquith et al.，2005）。证券分析师是否获取私有信息取决于证券分析师获取私有信息的动机和能力，而获取私有信息的途径成为考验证券分析师能力的标准。相对于机构投资或公司内部人，证券分析师获取私有信息的渠道较少，付出的成本较高（Piotroski and Roulstone，2004），有能力有资源的证券分析师才能获取其他信息使用者无法获知的信息；在新兴国家中，证券分析师获取私有信息的成本因为资本市场的摩擦而增加，证券分析师因而更难获取更大含量的信息。因此，尽管私有信息能够为证券分析师带来更多的好处，但限于获取渠道的限制，对于大多数证券分析师而言，公司公开披露的信息才是其主要依赖的信息来源（Schipper，1991；胡奕明等，2003）。公司披露信息的质量与证券分析师关注度显著正相关，证券分析师更愿意关注公开信息多的公司（Lang and Lundholm，1996）。在中国市场，证券分析师进行盈余预测和投资评级的主要信息源是公司定期的财务报告、管理层预告等公开信息，通过直接接触管理层获取信息的方式还不普遍（胡奕明等，2003）。随着资本市场影响的扩大，公司管理层也开始重视投资者关系活动管理，通过电话会议、现场路演、接待调研等方式增加外界对公司的关注，与投资者直接互动，客观上增加了证券分析师获取私有信息的渠道。

证券分析师可以通过建立和维护与公司管理层的私人关系，增加与管理层的接触机会和接触深度来获取更多的私有信息（Das et al.，1998；Lim，2001；Richardson et al.，2004；Ke and Yu，2006；Chen and Matsumoto，2006；Mayew，2008）。具体方式有在电话会议中提问（Tasker，1998；Bowen et al.，2002；Ke and Yu，2006）、实地调研（Cheng et al.，2013；丁颖颖等，2003；曹新伟等，2015）以及用证券分析师独立性交换等（赵良玉等，2013）。

由于市场参与者私有信息的占有基础和获取成本各不相同，股票价格反映的是公开信息与私有信息的信息之和，公开信息披露对股票信息结构的影响也不相同。已有研究认为，公开信息与私有信息之间既存在替代关系，也可能存在互补关系，这两种关系限定于市场参与者之间的信息不对称。替代关系是指公开信息与私有信息可以相互替代，这是因为公开信息质量的提高降低了信息使用者付出努力获取私有信息的动力，从而减少了私有信息，降低了信息不对称。Verrecchia（1982）认为，公开信息信号和私有信息信号在条件独立的情况下，是可以相互替代的。Bushman（1991）认为，公开信息披露降低了信息用户之间的信息不对称，使得信息能够在最大范围内的交易者中传递，提高了投资者的收益。在实证研究中，学者将买卖报价价差代理信息不对称程度，检验了信息披露与信息不对称之间的关系。Leuz and Verrecchia（2000）发现，信息披露水平显著降低了买卖报价价差。Healy et al.（1999）发现，美国投资管理与研究协会评定信息披露级别提高的公司，公司盈余更高、机构投资者持股比例更高、证券分析师关注度增加，而买卖报价价差却显著减少。互补关系是指信息公开披露后，私有信息也在增加，这是因为公开信息成为私有信息的来源，刺激了一部分投资者去获取更多的私有信息。Lundholm（1998）认为，公开信息与私有信息的互补关系在两者信号误差具有较强的相关性时成立。Kim and Verrecchia（1994）用模型说明了私有信息是公开信息的函数，对于具备从公开信息中挖掘私有信息的交易者而言，公开信息成为了私有信息的来源。Kim and Verrecchia（1991）通过检验私有信息与公开信息准确性的关系，发现私有信息集的准确性越高，越能更好地响应公开信息，提高资产预期的准确度。Barron et al.（2002）发现，在公开披露公司盈余信息之后，证券分析师的私有信息对预测准确度的影响也显著提升，从而证明了公开信息与私有信息之间的互补关系。在这种关系下，对于那些能够获取私有信息的证券分析师而言，在综合公开信息与私有信息后，既能够更好地验证和解读公开信息，又能通过私有信息形成自身的信息优势（Kim and Verrecchia，1994；薛祖云和吴东辉，2004）。

以上内容回顾了证券分析师信息来源的文献，现有文献主要研究了证券分析师如何获取公开信息和私有信息，但对证券分析师如何调整公开信息和私有信息的利用程度来改进预测水平尚未探讨，而且公开信息与私有信息之间究竟是何种关系的结论也不一致。本书将从信息质量特征出发，考察其对证券分析师利用公开信息和私有信息的影响，并进一步探究公开信息与私有信息的关系。

二、证券分析师乐观偏差相关研究

证券分析师乐观偏差是资本市场研究的重要话题，证券分析师倾向发布好消息，不愿发布坏消息的现象就是证券分析师乐观偏差。研究表明，证券分析师预测普遍存在系统性的乐观偏差：证券分析师研究报告中的盈余预测值普遍高于公司的实际盈余，“买入”或“增持”的乐观评级显著多于“卖出”或“减持”的悲观评级，导致预测和评级分布的不平衡。乐观偏差会降低信息，尤其是负面信息的传递效率，导致资本市场定价偏差，降低配置效率，学者为了缓解乐观偏差对资本市场的不良影响，对证券分析师乐观倾向的影响因素进行了大量研究。

一部分学者从被动的角度对证券分析师盈余预测中存在的认知偏差进行了解释。McNichlols and O'Brien（1997）认为证券分析师的乐观偏差是自我选择的结果，即如果证券分析师如实发布其所掌握的所有信息，盈余预测和投资评级在均值意义上不会有偏差。证券分析师之所以跟踪公司是因为看好公司的发展，他们在掌握好信息时会很愿意发布研究报告更新信息，而在掌握坏信息时虽然不会歪曲事实，但会保持沉默，这种发布信息的选择性偏差导致投资者观测到的证券分析师盈余预测和投资评级不能正确反映不可观测的、实际的真实水平，从均值水平来看这种“不真实的反映”会高于实际值，从而造成证券分析师乐观偏差。Ding et al.（2004）运用期望理论，从投资者的非理性角度尝试解释证券分析师预测行为。研究发现，证券分析师对盈余预测的不同方向会表现出不对称的行为，即当公司盈余增长时，证券分析师会做出准确的盈余预测，当公司盈余降低时，证券分析师预测表现得更乐观，正是这种收益和损失对期望价值的不对称影响，导致了证券分析师的乐观偏差。

另一部分文献则从主动角度，对证券分析师的利益驱动因素进行了解释。在利益动机假说下，证券分析师的乐观偏差是受利益驱动的人为扭曲，其在研究报告中的盈余预测或投资评级高于其掌握的真实信息所能支持的盈余预测和投资评级，从而满足其利益需求。Easterwood and Nutt（1999）发现证券分析师更喜好正面消息，这是因此他们错误地认为正面信息带来收益要高于负面信息带来的损失。这说明证券分析师对信息的系统性乐观解读的原因并非源自非理性的认知偏差，而是源自满足个人利益的理性决策。Malmendier and Shanthikumar（2007）认为证券分析师乐观偏差源于证券分析师对其利益的追求。下面本节就从利益动因的视角对其展开论述：

第一，投行承销业务动因。投行承销业务是证券公司的重要收入来源，为了招揽承销业务和维护客户关系，证券分析师研究报告成为重要的营销手段。为了帮助争取承销业务，证券分析师会出具更乐观的报告。Lin and McNichols（1998）发现，最终获得承销业务的证券公司证券分析师会在公司再融资前发布更高的增长预测。Dechow et al.（2000）发现，证券分析师为了帮助所在证券公司获取承销业务，会对即将发行的新股发布高于其实际成长增速的乐观预测。Mola and Guidolin（2009）也发现，相对其他证券分析师，承销商证券分析师在公司的再融资当季会表现得更乐观；为了维持与现有承销客户的良好关系，证券分析师不仅不会发布不利于客户利益的研究报告，而且会通过发布偏乐观的盈余预测和投资评级为承销客户的融资活动托市，并且向下调整评级的速度相对其他非承销商证券分析师更缓慢（Michaely and Womack，1999；O'Brien et al.，2005；Gu and Xue，2008）。

第二，佣金刺激动因。证券分析师的定位是信息中介，其收入模式不是依靠研究报告售卖，而是通过提供投资建议来促进投资者的股票交易，从而在交易佣金中获取分成（Cowen et al.，2006）。投资者在不同的情绪下进行的交易行为是不同的，在乐观情绪下投资者更愿意选择买入，而在悲观情绪下投资者更愿意选择观望，在限制卖空的情况下，证券分析师出具偏乐观的研究报告更容易刺激投资者买入更多的股票，所以为了能够帮助其所在的证券公司获取更多的交易佣金并获取绩效，证券分析师更愿意出具偏乐观的研究报告（Hayes，1998；Irvine，2004；Jackson，2005；Agrawal and Chen，2008）。Ljungqvist et al.（2007）认为证券分析师所在证券公司的经纪业务规模越大，证券公司给证券分析师施加的佣金业务压力更大，证券分析师更可能为了帮助证券公司发布偏乐观的研究报告。在市场放松卖空限制的情况下，由于券商担忧卖空的放宽导致股票市场下跌，降低投资者的投资意愿而减少佣金收入，证券分析师也会出具偏乐观的研究报告（王攀娜和罗宏，2017）。

第三，自营业务动因。证券公司自营业务收入也是主要收入之一，为了保证自营部门所持股票获取更多的收益，避免出现亏损，证券分析师会为自营部门的重仓股票出具偏乐观的盈余预测和投资评级，吸引投资者的关注和追捧，推高重仓股的股价来获利（Mola and Guidolin，2009；曹胜和朱红军，2011）。

第四，维持机构投资者关系动因。机构投资者是证券公司经纪业务的利润来源。Mola and Guidolin（2009）认为，证券分析师会为获取分仓的机构投资者持有的股票发布偏乐观的研究报告，帮助其获取更多收益，由此证券分析师的乐观报告成为证券公司获取分仓业务的营销工具。Firth et al.（2011）认为，证券分析师能够从为其所在券商的客户持有的股票发布偏乐观的研究报告中获取好处，并且机构投资者持股比例越高，证券分析师发布研究报告的乐观偏差越大。Gu et al.（2013）认为当机构投资者持有的公司股票公布不利消息时，关联证券分析师下调评级的概率更低，避免给机构投资者带来损失而失去分仓收入。同时，机构投资者还掌握着证券分析师职业晋升的投票权。在中国，《新财富》等明星证券分析师评选活动的投票权掌握在买方机构手中，评上明星证券分析师意味着名利双收（Stickel，1992）。Hong and Kubik（2003）发现，证券分析师的乐观偏差让证券分析师获得了更多的职业晋升机会，但证券分析师的预测准确度却没有这种影响。因此，为了获取机构投资者的支持，证券分析师会倾向于对机构持有的公司股票出具乐观报告，更不及时的披露公司的负面信息。

第五，维护管理层关系动因。在信息不对称关系中，管理层是占有信息的一方，其掌握着大量关于公司的独家信息，是证券分析师接近并获取私有信息最直接的来源。证券分析师为了获取机构投资者的信任就要形成自身的信息比较优势，获取更多的私有信息来提高报告的信息含量，因而会出具偏乐观的报告来讨好管理层换取私有信息（Francis and Philbrick，1993；Das et al.，1998；Lim，2001；Ke and Yu，2006；宋乐和张然，2010；赵良玉等，2013）。同时，上市公司也是证券公司承销业务的潜在客户，这也是证券分析师对公司出具偏乐观报告维护与管理层关系的原因之一（Chan et al.，2007）。

为了减少证券分析师乐观偏差的不利影响，学者对如何减少证券分析师的乐观偏差进行了研究。Hong and Kacperczyk（2010）通过研究券商合并事件，发现证券分析师的竞争能够形成自我约束而降低其乐观偏差，并使公司难以影响证券分析师的独立性。谭跃等（2013）发现，在实施公平信息披露规则之后，机构投资者降低了对证券分析师获取私有信息的压力，降低了证券分析师的乐观偏差。Ke et al.（2018）发现卖空机制降低了证券分析师的乐观偏差。

综上所述，现有文献主要从证券分析师的认知偏差和利益动机两个角度来研究证券分析师乐观偏差的影响因素，并初探了降低证券分析师乐观偏差的途径。对于如何降低证券分析师乐观偏差的文献较少，而且此类研究都局限于事件研究方法，如制度变迁、证券公司合并等。本书将会计信息可比性与证券分析师乐观偏差联系起来，从信息监督的机制出发，补充降低证券分析师乐观偏差方面的相关研究。

三、证券分析师实地调研的相关研究

证券分析师的价值在于其是否能向市场传递增量信息，提供有信息含量的研究报告，为市场参与者提供决策支持。为了建立自己的信息优势，证券分析师会增加与公司管理层的直接或间接接触来更多地获取与公司相关的私有信息。在各种与管理层的接触形式中，实地调研是一个重要的渠道，证券分析师直接到公司现场，亲眼看到、亲耳听到、亲身感受公司的经营现状和管理模式，从中获取的信息也就更加可信。

受制于实地调研数据的不可得，国外现有文献中关于投资者与管理层接触的研究主要集中在电话会议、投资者见面会和私人会见（谭松涛和崔小勇，

2015)。电话会议是管理层主动披露信息的方式，这在美国已经形成了较为成熟的沟通方式。Kimbough（2005）发现，公司在发布财务报告后，公司如果开展电话会议来对公司的业绩进行说明，那么市场会积极回应公司的盈余信息。Bowen et al.（2002）发现，公司针对财务业绩进行说明的电话会议会显著提高证券分析师的预测水平，并降低证券分析师的分歧度。投资者与管理层的见面会是更深入的接触方式，Bushee et al.（2011）发现，投资者与上市公司管理层这种多对多的会面方式会吸引证券分析师和机构投资者对公司的关注。Green et al.（2014）发现，如果证券分析师所属的证券公司主持了投资者见面会，那么他们的投资建议发生变动时会引起显著的市场反应，并且显著提高其对公司的盈余预测水平。而私人会见是一对一的见面模式，在这种非正式会面的情境下，证券分析师能够更随意地与管理层沟通，获取更多自己关心或者以前没有关注到的信息，而管理层也能在宽松的环境下放松地表达自己的观点，释放更多关于公司现时和未来的信息。Solomon and Solts（2012）利用基金公司与管理层一对一会见的数据，考察了私人会见对基金决策的影响。发现持股比例越高、地理距离越靠近公司、换手率越大的投资者更可能与管理层私人会见，而且私人会见能够增加投资者交易，带来更好的股票回报，这说明私人会见能够较好地提高投资者的决策水平。

中国实地调研的信息披露制度为该类研究提供了独特的数据，部分国外学者也利用中国的实地调研数据开展研究。目前学者们更多地关注实地调研的经济后果，尤其是实地调研对证券分析师预测行为的影响。Cheng et al.（2013）研究发现，机构投资者实地调研可以获得公司未来经营发展的信息，且能引起显著的市场反应，基于信息经济学理论，实地调研公司的未来盈余水平与股票回报率显著正相关。Brown et al.（2015）认为，证券分析师在实地调研中与管理层沟通交流，能够显著提升盈余预测和投资评级水平，并且这种方式获取的信息比从公司近期表现和定期报告披露中获取的信息要多。Cheng et al.（2016）认为，证券分析师还可以观察公司的生产活动和运营状况，相比未进行实地调研的证券分析师而言，到公司现场参观调研的证券分析师的预测准确度显著提升，进一步研究发现公司的行业类型、资产结构以及业务集中度能调节实地调研对预测准确度的影响。谭松涛和崔小勇（2015）认为，实地调研具有独特的优势：一是眼见为实。相对于电话会议和见面会的口头信息，投资者能够在调研中对公司的运营和管理进行直接观察；二是连续观察。相比电话会议和见面会的定期沟通，实地调研分散到年度内的各个时间，能够获取公司更及时的信息。在实证检验中发现，如果证券分析师在发布研究报告前3个月进行过实地调研，那么证券分析师的预测准确度越差，预测乐观偏差越大，其原因是受到管理层乐观情绪的影响。但是在信息透明度低的公司中，实地调研改善了证券分析师的预测行为。贾琬娇等（2015）发现，实地调研不仅会让证券分析师获取更多的信息，而且还能提升其专业知识和分析技能，更好地提高盈余预测水平，另外，实地调研还缩小了调研者与被调研公司之间的距离带给证券分析师的信息差异。Cheng et al.（2017）发现，与非实地调研窗口期比，在实地调研之后的一段时间内，调研公司的超额收益率和异常交易量都表现出显著的不同，这说明参加实地调研的证券分析师获取了更多的私有信息，显著提高了证券分析师的预测水平。

证券分析师需要付出时间和精力去参加实地调研，因此是否调研、调研的深度以及次数都取决于证券分析师实地调研收益成本的权衡。实地调研影响因素的分析框架类似于证券分析师关注度，对于证券分析师关注度影响因素的文献较为丰富（Bhushan，1989；Lang and Lundholm，1996；Lang et al.，2004；Ramnath et al.，2008），但是对证券分析师实地调研影响因素的研究较少。Cheng et al.（2016）认为，实地调研能够缓解被调研公司与参加调研的证券公司不在一个地区的信息劣势，提高非本地证券分析师的预测准确度，原因在于本地证券分析师相比非本地证券分析师拥有信息优势，非本地证券分析师能够通过实地调研获取更多的信息，得到更大的预期收益，从而缩小本地证券分析师与非本地证券分析师的信息差距，因此证券公司与被调研公司的距离越远，证券分析师越可能进行调研。孔东民等（2015）发现，机构投资者因为持仓公司的股价波动影响其收益，更愿意调研持股的公司，而被调研公司的特征等因素显著影响机构投资者的调研。徐媛媛等（2015）发现，公司的特征、经营风险以及市场信息环境等都会显著影响证券分析师的实地调研。

这里回顾了证券分析师实地调研的文献，现有文献主要研究了实地调研的市场反应，并得到实地调研有利于提升证券分析师预测水平的一致结论。但很少有关于证券分析师实地调研影响因素的研究。因为实地调研的目的是获取私有信息，并且文献也支持证券分析师能够从实地调研中获取私有信息，因此可以通过探究证券分析师实地调研的影响因素来了解证券分析师如何获取和利用私有信息。

四、证券分析师研究报告信息含量的市场反应

Fama（1970）提出了有效市场假说，以均衡价格对信息的反映程度为标准，将市场由弱到强依次分为：弱式有效市场、半强式有效市场和强式有效市场。也就是衡量信息向股价的转化效率，信息向价格转化得越快、越充分，市场就越有效，反之市场就无效。信息效率理论就是从有效市场假说衍生而来（Verrecchia，1979；Verrecchia，1980）。造成现实中证券市场不能达到理想的强式有效市场的因素有很多，具体有两点：一是信息获取成本的存在使得股价不能完全反映市场上所有可得的信息。Grossman and Stiglitz（1980）提出信息获取是存在成本的，每个资本市场参与者占有的信息、信息的学习能力、获取的渠道等因素导致其相互之间存在信息差异，也就是信息使用者之间的不对称，市场上知情交易的人数比例反映了信息对股价的转化效率，也就是说信息使用者的不对称程度越低，市场就越有效率。如果市场反映了所有的可得信息，那么信息的搜集行为将变得无利可图，正是市场的不完全有效让愿意支付成本的投资者获取更多的信息，得到更多的收益。二是投资者的认知偏差让市场难以形成一致预期。信息使用者本身的能力存在差异，而且也是不完全理性的，这种系统的认知偏差使得投资者在面对相同的信息时也无法通过加工分析形成一致的市场预期（Kahneman and Tversky，1979；Barberis et al.，1998；Hong and Stein，1999）。

证券分析师的工作任务是利用其所具备的专业知识、个人能力以及其所拥有的公司和社会资源，搜集、加工和分析信息，在考虑各种因素后形成个人对公司的整体判断，并通过研究报告的形式将盈余预测、投资评级等建议提供给投资者。从证券分析师的工作可以看到，证券分析师既是信息的解读者，其运用知识和技能进行加工和分析并形成最终的结论；也是信息的提供者，其通过信息挖掘将新增信息提供给其他信息使用者。因此，证券分析师成为解决市场不完全有效的一种设定：一方面，证券分析师向市场集中传递更多关于公司的

各种信息，使投资者更全面、更及时地掌握公司的动态，扩大知情交易者的范围；另一方面，证券分析师的解读行为能够让其他信息使用者更加信赖证券分析师的判断，减少不同市场交易者的认知分歧，容易形成一致的市场预期。因此，证券分析师的研究行为成为缓解信息不对称、提高市场定价效率的有效途径，也被赋予资本市场信息中介的重要地位。

（一）证券分析师研究报告的信息含量

学术界十分关注证券分析师的市场反应，研究表明，证券分析师的确加快了信息融入股价的过程，提高了市场效率（Stickel，1991；Gleason and Lee，2003）。证券分析师的研究报告是否具有信息含量是证券分析师能否发挥信息中介作用的衡量标准，许多学者对证券分析师研究报告中的三大基本要素是否具有增量信息进行了定量研究，发现盈余预测、推荐评级及目标股价都能独立地为资本市场提供有价值的信息。

1. 盈余预测

Givoly and Lakonishok（1979）首次研究了证券分析师盈余预测调整是否具有信息含量。按照盈余预测的调整方向和调整幅度对样本公司分组，用市场模型计算报告发布期间的超额收益率，发现市场在盈余预测调整当月有超额收益，且向上预测调整幅度超过5%的股票在发布后的2个月内超额收益率为2.7%，这说明盈余预测调整能够为资本市场提供增量信息，但市场没有及时对证券分析师预测调整中蕴含的信息做出充分反应，导致出现股价漂移现象。Abdel－Khalik and Ajinkya（1982）将盈余预测调整区分为第一次发布（证券分析师在研究报告完成后对外公布前传递给证券公司内部和大客户）和第二次发布（证券分析师对外公布），检验证券分析师两次发布研究报告的市场反应。发现盈余预测调整的两次发布都有显著的超额收益，但只有根据第一次发布构建的交易策略才能获得盈利，从知情交易人范围的不同间接证明了半强势有效市场假说。Stickel（1990）用两次盈余预测之间新信息的期望盈余预测模型的估计结果衡量盈余预测调整，发现盈余预测调整能引起较强的市场反应，盈余预测调整幅度越大、其传递给市场的信息含量越多。Stickel（1991）用上次证券分析师预测衡量盈余预测调整，在控制了调整期间公布的公司并购信息、股利信息、盈余信息和股票分拆信息的影响后，发现盈余预测调整的市场反应能够持续 6 个月。此外，基于证券分析师一致性预测建立的投资交易策略能够获取超额回报（吴东辉和薛祖云，2005）。

2. 推荐评级

学者认为，投资建议是证券分析师对一个公司进行全面分析后的最终产品和工作成果，盈余预测只是生产最终产品的关键输入（Schipper，1991），评级推荐要综合盈余预测之外的其他包括宏观经济、股价水平、市场情绪等诸多信息来评价公司实际价值相对市场价值的差距，因此投资评级所具有的信息含量要远大于单一对公司盈余预测的信息含量（Jegadeesh et al.，2004），因而也成为证券分析师研究报告市场反应研究的重点。Lloyd – Dabies and Canes（1978），首次研究了推荐评级的信息含量，发现在华尔街日报上发布“买入”和“卖出”评级股票的当日超额收益率为 0.923% 和 –2.374%，说明即便在媒体上发布的推荐评级不是第一手信息，其仍然具有市场反应。Groth et al.（1979）分别研究了推荐评级发布的前后三个月的市场反应，发现推荐评级在发布前一月度和后一月度均能获得正向的超额收益，在推荐评级发布的当月获得的超额收益最大。Elton et al.（1986）、Liu et al.（1990）、Beneish（1991）、Stickel（1995）的研究也得到了一致的结论。以上研究的样本时间都晚于研究报告完成的真实时间，少量知情人能在研究报告发布前进行交易，因此在推荐评级发布前市场已经提前反应了部分信息。Wormack（1996）发现不同层级的评级推荐调整的市场反应不同。评级推荐被上调至“买入”或下调至“卖出”时市场反应强烈。Barber et al.（2001）认为，证券分析师的一致性评级水平也具有信息含量，能够给投资者带来正向超额收益。Francis and Soffer（1997）则研究了推荐评级与盈余预测的相互关系，发现两者在向市场提供信息时是互补的关系，两者都能独立地向投资者提供增量信息。

3. 目标股价

Brav and Lehavy（2003）第一次将目标股价的信息含量作为研究对象，发现在控制了盈余预测和评级调整的影响后，目标股价调整仍然具有市场反应，说明目标股价具有独立的信息含量。Asquith et al.（2005）则进一步验证了目标股价的信息含量，发现证券分析师报告中的目标股价和文字论证内容都能够向市场独立提供增量信息。

除了证券分析师研究报告的三个基本要素外，证券分析师对部分财务报表项目，如收入、费用的预测也具有信息量。Givoly et al.（2009）认为研究报告中关于现金流量预测不能单独提供增量信息，只能作为盈余预测的拓展信息。Call et al.（2013）则认为研究报告中的现金流量预测对盈余应计项目进行了调整，发现现金流量预测调整提供了增量信息，并引起了市场反应。Ertimur et al.（2003）则检验了证券分析师的收入和费用预测不符合公司财务报告中的实际情况时的市场反应，从结果层面反向说明了证券分析师对收入和费用的预测也具有信息含量。

（二）研究报告市场反应的影响因素

证券分析师研究报告市场反应的分析要从两个方面来讨论，一方面，证券分析师研究报告要有信息含量，没有新增信息的，重复的研究报告是没有价值的；另一方面投资者能够对信息含量作出正确和充分的反应。在研究报告信息含量方面，Stickle（1992）认为，证券分析师和证券公司的声誉能够影响研究报告的价值，理由是声誉高的证券分析师具有更专业的个人能力和团队合作、更好的研究条件、更好的资源去建立与公司管理层的关系来获取私有信息，以及更高的独立性。伊志宏和江轩宇（2013）发现明星证券分析师从挖掘公司的特质信息中实现更高价值。Cheng et al.（2016）认为证券分析师的实地调研能够显著提升证券分析师研究报告的市场反应。在市场的正确反应方面，Franco et al.（2015）讨论了投资者对证券分析师研究报告市场反应不足的影响。Barber and Odean（2007）认为有限注意力浪费了投资者的关注力，限制了投资者处理多个竞争性信息的能力，导致投资者不能对信息作出充分的反应。方军雄等（2018）发现，同日发布的研究报告越多，投资者专注力越分散，导致对证券分析师研究报告的反应不足。

这里回顾了证券分析师研究报告信息含量市场反应的文献，现有文献主要对研究报告基本要素的市场反应分别进行了研究，但较少从证券分析师研究报告信息含量的角度来研究市场反应。本书将从信息质量特征的角度讨论其对证券分析师研究报告信息含量的影响，并得出对证券分析师研究报告市场反应的影响。

第三节　会计信息可比性对证券分析师的影响

会计信息可比性最需要回答的问题是其能否改善投资者的决策水平，提高市场的定价效率。证券分析师作为财务报告信息的解读者，是专业的信息使用者，因此可以通过研究会计信息可比性对证券分析师预测水平的影响，来回答可比性是否能够改善信息使用者投资决策的问题。

美国证券交易委员会（SEC，2000）认为，当投资者判断投资项目的优劣和可比性时，资本就能得到有效的配置，投资者的自信也会得到培养。财务报告准则理事会（FASB）在财务报告框架中也强调了财务报告可比的有用性，认为投资和贷款决策基本上涉及对替代机会的评估，如果无法获得比较信息，就无法合理地进行评估。并进一步指出通过对可比公司之间的经济相似性和差异性做出更清晰的推断，证券分析师能够更好地理解和预测经济事件。更多的可比公司为彼此提供了更好的基准。Ramnath（2002）、Gleason et al.（2008）、Durnev et al.（2009）认为一个公司的财务报告信息会对其他相关公司的财务报告和经营决策产生影响，同类公司之间的信息转移为更多可比公司提供了更高质量的信息集。种类繁多的财务报表分析教科书也总是强调，不同财务报告之间的可比对于使用财务比率来判断公司业绩的重要性。尽管会计信息可比性的重要性众所周知，但是，其衡量标准却没有明确规定，也没有一致认可的测度方式，这阻碍了对会计信息可比性实证研究。

一、基于会计准则趋同的定性分析

会计准则趋同使得各个国家使用同一套财务报告准则，从而在形式上实现了会计信息的可比，因而在会计信息可比性的早期研究中，主要采用会计准则趋同代理会计信息可比性的方法，来检验会计信息可比性的经济后果。Ashbaugh and Pincus（2001）认为相比之前采用的准则，自愿采用国际财务报告准则披露了质量更高、数量更多的公司信息，减少了管理层可供选择的会计政策或会计方法，使得证券分析师获取了更加一致的信息，有利于证券分析师提高盈余预测水平。但这个被研究对象是自愿选择执行国际财务报告准则的国家，因此存在严重的自选择问题，并且研究样本较少，难以推广研究结论，只能对后续研究起到启发作用。Landsman et al.（2012）认为强制执行国际财务报告准则增加了证券分析师关注度，提高了盈余公告的市场反应。Cotter et al.（2012）通过研究澳大利亚的 145 个上市公司，发现强制执行国际财务报告准则能够提高证券分析师的盈余预测水平。Byard et al.（2010）发现，以自愿采用国际财务报告准则并在两年后强制执行国际财务报告准则的欧洲国家为处理组，以没有自愿采用国际财务报告准则而直接强制执行国际财务报告准则的欧洲国家为控制组，发现证券分析师预测准确度和分歧度只有在法治环境好、准则转换差异大的国家强制执行国际财务报告准则才能得到显著的改善。Tan et al.（2011）对比了会计信息可比性对本国证券分析师与外国证券分析师的不同影响，发现强制执行国际财务报告准则提高了外国证券分析师的关注度及盈余预测水平，也提高了本国证券分析师的关注度，尤其是对执行国际财务报告准则有相关经验的证券分析师的影响更大，但是本国证券分析师的预测准确度却没有得到显著的提升。王玉涛等（2010）对 2007 年中国执行新的会计准则情况进行了研究，发现本国证券分析师相比国外证券分析师更有信息优势，预测准确度更高，但在执行新的会计准则之后，缩小了本国证券分析师与国外证券分析师预测准确度的差异。Horton et al.（2013）发现执行 IFRS 带来了高质量的信息和可比性，提升了证券分析师预测准确度和信息环境质量测度。

二、基于可比性测度创新的定量分析

虽然利用会计准则协调来探讨会计信息可比性与证券分析师预测行为之间的关系得到了较为一致的结论，即准则趋同为证券分析师预测提供了更为一致的信息，改进了证券分析师盈余预测的水平。但这类研究都是基于宏观层面国家之间的定性分析，De Franco et al.（2011）则采用了基于输出的定量的度量方式，在改进会计信息可比性测度的基础上，研究了其对证券分析师行为两个维度的差异：证券分析师关注度和证券分析师预测性质，开启了会计信息可比性微观层面公司之间比较的定量分析。其先从会计系统是从经济事件到财务报表的映射这一概念来定义会计信息可比性，并用两家公司对给定一组经济事件产生的财务报表的相似度来度量会计信息的可比性。同时预期证券分析师处理具有可比同行的公司财务报表所付出的努力，低于他们对没有可比同行的公司所付出的努力，由此会计信息可比性降低了信息分析成本，并导致证券分析师倾向于跟踪分析信息成本低的公司，因而有更多的证券分析师来跟踪可比性高的公司；公司之间的财务报告属性更加一致，使得证券分析师预测偏差系统化而使预测准确度提高；增加了可获得的公司信息的总体数量和质量，使得使用类似模型的证券分析师预测分歧度降低。

通过文献回顾发现，会计信息可比性影响证券分析师的文献较少，早期主要利用国际财务报告准则协调来间接研究两者的关系，并得出了较为一致的结论，更高的会计信息可比性能够给证券分析师带来好处，虽然后来在会计信息可比性的测度上有了较大的创新，但这种研究主要集中在会计领域对证券分析师研究的三个常规指标上，即证券分析师关注度、证券分析师准确度和证券分析师分歧度。对于影响资本市场效率的证券分析师行为尚未探讨，如证券分析师乐观偏差、证券分析师利用私有信息以及证券分析师研究报告的信息含量等，而这些问题确才是资本市场参与者最关注的证券分析师问题。

第三章　制度背景

本章结合各部分具体研究内容对相关制度背景进行介绍，包括如下四个部分。

第一，论述了我国资本市场的发展及现状。为了说明证券分析师乐观偏差和实地调研的研究背景，突出研究内容对欠缺完善的做空机制和公开信息披露不规范的中国资本市场的重要意义，本章第一节对中国资本市场的发展现状进行了描述。

第二，论述了证券分析师的行业状况。为了说明中美证券分析师行业的差距、理清证券分析师在资本市场中的作用以及更好地理解会计信息可比性对证券分析师行业健康发展的重要意义，本章第二节对证券分析师的发展现状和中美证券分析师行业的区别进行了描述。

第三，论述了我国证券分析师的独特特征。为了介绍证券分析师乐观偏差的影响因素及其对资本市场的负面影响以及研究会计信息可比性对证券分析师乐观偏差的重要意义，本章第三节对证券分析师乐观偏差的利益驱动来源按证券公司和证券分析师个人分别进行了阐述，并描述了证券分析师乐观偏差对资本市场的不利影响。

第四，论述了我国证券分析师实地调研的制度背景。为了说明中国证券分析师实地调研数据的独特性，以及本书为什么要选择将实地调研作为私有信息获取的代理变量，本章第四节对中国关于投资者关系活动信息披露的规章制度进行了介绍。

第一节　我国资本市场发展及现状

资本市场包括股票市场、债券市场和外汇市场。随着中国的改革开放逐步发展，中国资本市场经历了政策推动和自发演进相结合的市场化改革，按照先试点后规范、先一元后多层次、先国内后国际化的市场发展思路，资本市场规模和范围不断扩大，并逐渐成为中国市场经济的重要组成部分。

一、我国资本市场的发展历程

在中国改革开放的大背景下，资本市场经历了四个阶段。

（一）资本市场萌芽阶段

这一阶段，市场以区域性自发演进为主，在发展上呈现先债券市场后股票市场、先二级市场后一级市场的顺序。1981 年我国开始发行国债、公司债和金融债，1986 年开始发起股份制试点，许多公司开始半公开或公开发行股票，股票市场开始萌芽；与债券和股票对应的柜台交易在全国遍地开花，二级市场开始形成。在这个阶段，市场处于自我发展阶段，市场呈现区域发展不平衡，缺乏统一的规范和集中管理，但市场体系初具雏形。

（二）资本市场形成阶段

这一阶段，全国开始形成统一发展的市场。1990 年上海证券交易所和深圳证券交易所先后成立，标志着我国股票市场的正式形成，股票交易开始集中，市场效率得到提高；一行三会的分业监管格局的形成，标志着中国有了全国性统一的专门监管机构对市场进行规范和监督，自此全国性的市场开始统一发展，并开始形成有中国特色的资本市场管理体系；在市场发展初期，股票发行与股票定价都是采取审批制，B 股市场的设立和境内公司海外上市意味着中国资本市场开始对外开放，证券投资基金开始发展。中国资本市场从区域试点走向统一发展，法律法规开始完善，市场机制开始建立。

（三）资本市场规范发展阶段

这一阶段，《证券法》为资本市场规范发展提供了法律依据，多层次资本市场建设取得实质性进展。中小板和创业板上市，新三板走向全国扩容，多层次资本市场与交易品种不断丰富。2005 年的股权分置改革实现了同股同权，统一了市场的交易规则；债券品种不断增加，出现可转换公司债券和银行信贷资产证券化等，债券托管和交易系统等基础设施不断完善。中国资本市场向法治化迈出坚实的步伐，基础性制度的建设促进了市场机制有效运行。

（四）资本市场全面深化改革阶段

这一阶段，多层次资本市场开始建立，市场改革进入深水区。多种交易平台已经逐步完善，多层次资本市场已经建立；交易品种不断创新、直接融资比例不断提升。金融混业经营加剧了市场风险的累积，为了加强协同监管，2017 年金融稳定和发展委员会成立，2018 年银监会和保监会合并为银保监会，我国进入“一委一行两会”的监管格局。资本市场的繁荣加大了市场风险，市场监管难度加大，对协同监管提出了更高的要求。

二、我国资本市场的发展现状

中国资本市场脱胎于旧的经济体制，呈现出新兴加转轨的特点，在建立初期受政治经济环境的限制，积累了许多深层次的问题和结构性矛盾。因此市场化、规范化、国际化就成为中国资本市场改革和发展的主线。目前，我国的资本市场已经成为全球第二大资本市场，市场法规趋于完善，在国际上的影响力越来越大，并呈现出如下特征。

（一）发展速度位居前列

股票市场总体规模大，对经济发展的作用越来越大。2017 年，股票交易所总市值仅次于美国，位居世界第二，上交所与深交所在世界证券交易所的排名分别为第四位和第六位。股票市场在国民经济中发挥了越来越重要的作用，目前占国民经济的比重为 76%；债券市场发展较快，产品结构较为优化。债券市场存量为 74 万亿元，仅次于美国和日本，债券结构不断优化，债券品种不断创新。外汇市场产品体系丰富、结构比重合理，能满足市场主体对冲汇率风险的需求。外汇市场各类产品交易额达到 24 万亿美元，衍生产品比重增长 60%。

（二）规章制度逐步完善

法治建设是证券市场发展的重要基础，市场机制需要在一定的制度规范下才能发挥作用。我国已经制定了《公司法》《证券法》等基础性法规，在此基础上，逐步对股票发行、股票交易、市场参与主体行为进行规范；同时为了发挥市场机制的自我调节作用，中国证监会出台了一系列信息披露的规则，引导市场发挥资源配置和价格发现功能，为证券市场的规范发展提供了制度保障。

（三）国际影响与日俱增

中国资本市场与世界市场的关联度越来高，已经成为世界资本市场的重要组成部分。一方面，积极向外资敞开合作大门。外资在中国设立的金融机构数量和投资的规模都有了大幅提升，外资可以通过 QFII 投资中国证券市场、国外商业银行可以投资债市和期货市场、而沪港通、深港通和沪伦通等交易所之间的合作创新则为世界投资者投资中国市场提供了更为方便的途径。外资的进入改善了金融机构的公司治理，提高了业务发展的专业化水平。另一方面，中国在世界资本市场扮演着越来越重要的角色。2016 年人民币被纳入特别提款权，2018 年债券被纳入彭博巴克莱全球综合指数，同年，A 股被纳入 MSCI 全球新兴市场指数体系。中国市场在积极参与国际合作中完善了规章制度，促进了市场的规范化发展。

三、我国资本市场存在的问题

目前，资本在中国的土壤环境中形成了具有中国特色的市场体系。中国资本市场虽然是自上而下的改革，但都是以建立市场基础制度和恢复市场自身功能为目标的改革，始终把坚持市场化方向、健全市场运行机制作为路径选择。同时，在资本市场发展的过程中，要清醒地认识到不能照搬照套西方市场规则，对改革中出现的问题既要立足当前，采取切实政策措施解决问题，又要着眼长远、通盘考虑，做好顶层设计。

（一）股票发行改革任重道远

股票发行体制改革的目标是由核准制向注册制转变，最终实现上市程序标准化和程序化。虽然注册制已于 2023 年全面施行，但与之相配套的制度和机制还相对滞后，如退市制度不完善、长期资金比例偏低、处罚力度偏轻等问题，因此注册制是一个动态地逐步探索的过程，不可能一蹴而就。

（二）做空交易机制的入乡随俗

按照现代投资理论，非系统性风险可以构建投资组合来解决，对于系统风险要么通过卖空交易机制来规避（Arthur et al.，1997），要么退出市场，而且单边市场对投资组合的构建也会产生影响。中国一直采取的是限制卖空的单边市场，卖空机制作为证券市场重要的风险分散制度，直到2010年才开始尝试引入融资融券制度。但在实践中，市场以融资买入为主，融券卖出微乎其微，形成一种非对称交易。这种状况与我国的投资者结构和投资理念有很大的关系，虽然近年来我国以散户为主的投资者结构有所改变，但散户仍然是我国资本市场的主要力量；中长期的价值投资理念还没有真正确立，包括机构投资者在内的短期行为比比皆是。加上我国交易指数波幅较大，更增加了对市场参与者非理性行为的担忧。

（三）信息披露质量尚有待提高

我国强制信息披露的历史很短，公开信息披露还存在内容不完整、披露不及时、相关性不够、可靠性低等问题，而愿意主动进行信息披露的信息数量和信息内容还较为有限，整体来说，相对于发达国家，我国上市公司财务报告信息质量不高。在这种现实情境下，为了提高资本市场的有效性，一方面要进一步完善信息披露制度，加大对违规披露行为的处罚力度，加强对市场的监督和管理；另一方面要发挥证券分析师的信息中介功能，更好地起到解读公开信息、挖掘私有信息的作用，提高市场资源配置效率。

第二节 证券分析师行业状况

一、美国证券分析师行业发展历程及现状

证券分析师的出现是历史的必然。证券业的纵深发展以及证券产品的创新使得投资者面临的选择更多，决策需要的能力更高，而投资者既不具有专业的

投资知识和技能、也没有充沛的精力进行研究、更没有资源和渠道获取有价值的信息。投资的需求催生了对市场信息进行搜集、加工和分析的专业人员，由此证券分析师应运而生。根据美国财务高管研究机构的调查发现，证券市场的信息来源主要有公司管理层、证券分析师及其他专业机构提供的研究报告、公司定期报告、美国证券交易委员会提供的文件（Form10 – K），而证券分析师的研究报告被认为是第二位重要的信息来源。

证券分析师起源于美国证券市场，并逐步发展壮大。20 世纪 30 年代，证券市场最重要的进步是诞生了专业的证券分析师。20 世纪 60 年代，证券市场的发展提升了证券分析师的市场地位，而证券分析师的行为反过来改善了证券市场的运行效率，证券分析师在证券市场中变得越来越重要。在此后的发展中，证券分析师对证券市场的影响越来越大，被定位为证券市场的信息中介。而政策法规、机构投资者需求以及现代投资理论在证券分析师的发展过程中发挥了重要作用。

（一）政策法规形成了证券分析师的定位

美国《1934 年证券交易法》确定了证券交易规则、持续信息披露制度和证券监管法规。该法规对上市公司信息披露的强制要求增加了资本市场的公开信息供给，改善了资本市场信息环境，降低了信息使用者的获取成本，让证券分析师的证券研究成为有米之炊。在强制披露制度确立之前，证券分析师的信息主要来自与公司管理层的沟通，这种特定对象的信息传递模式信息获取成本较高，而且容易产生内幕交易。在强制信息披露制度发布之后，证券分析师可以在公开渠道以较低的成本获取信息，发挥其对信息的解读作用，促进证券研究的规模生产。由此，证券分析师开始逐步转变成资本市场信息中介角色，在缓解证券市场信息不对称，提高资产配置效率方面发挥着重要作用。

（二）机构投资者需求是证券分析师发展的基础

在早期的美国证券交易市场中，占据主导地位的是职业交易人，他们主要通过私人渠道、市场传闻等获取内部消息来获利，机构投资者占比相对较小，还未形成市场的主要资金来源。随着共同基金的快速发展，机构投资者的资金规模越来越大，交易行为也越来越活跃，逐渐成为市场资金的主要来源，由于机构投资者需要按其在证券公司交易席位的交易量来支付佣金，大规模资金的交易为证券公司带来了丰厚的交易佣金收入，使得机构投资者成为证券公司经纪业务的主要客户。随着机构投资者资金规模的扩大，其对投资决策所需的信息要求也逐步提高，机构投资者需要更及时、更准确、更充分的信息搜集，尤其是对私有信息的获取，并能对各种信息进行分析和判断，以期得到对公司价值及未来发展的正确判断。机构投资者对信息的大量需求促进了证券公司证券研究及证券分析师队伍的快速成长。证券公司的盈利主要依靠佣金分仓业务、承销项目业务等获取收益，机构投资者选择合作证券公司的标准是研究实力，也就是说虽然证券研究虽然不能直接获取收益，但机构投资者会选择研究实力强的证券公司合作，因此证券公司的研究部门逐渐成为其他盈利部门获取业务的营销工具。证券研究水平成为证券公司的核心竞争力，为了提升证券研究实力，建立和培养证券研究队伍成为各证券公司的首要任务。20 世纪 70 年代，美国高盛公司为了适应市场的发展，提升对机构客户的服务质量，战略性地将关注重点从中小上市公司转移到机构投资者青睐的美国大型公司，并专门建立了针对该类公司的研究团队，随后研究队伍得到快速发展，成为证券公司的主要力量。

（三）现代投资理论促进了证券分析师研究

现代投资理论为证券分析师的研究发展提供了理论工具和方法基础。Harry Markowitz（1952）在《投资组合选择》中提出了资产组合管理的理念和衡量投资风险与收益的“均值—方差”分析框架，在投资中综合考虑预期收益和投资风险。在这个框架内，投资者要实现两个目标，一个目标是在预期收益下实现最低风险；另一个目标是在预期风险下实现最大收益，或者在一定风险程度下预期收益最大。为了实现投资者的最大预期收益和最小风险程度，就要确定资产之间的相关性和资产的投资权重。这些理念和框架成为投资管理和风险管理理论的基础。之后的经济学家又相继提出了资本资产定价模型和资产套利定价理论，投资理论的不断丰富为投资研究实践的发展奠定了基础。证券分析师在掌握相关信息的基础上，运用投资理论和模型对市场品种进行评估，为机构投资者提供投资建议。

二、我国证券分析师行业发展历程及现状

我国的证券投资顾问业务随着证券市场的发展而自发产生。中国证券市场由于个人投资者长期占据主要地位，机构投资者处于定位缺失和先天不足的局面中，因此投资咨询主要服务于个人投资者，早期表现为在公开媒体或证券营业部开展股评活动。1997 年，中国证监会出台了《证券投资基金管理暂行办法》，标志着以证券投资基金为代表的机构投资者开始崭露头角，改变了资本市场投资者的结构和需求，由此证券投资咨询业务分化为证券投资顾问和证券研究两种业务形式。其中证券投资顾问业务隶属于证券公司经纪部门，服务对象为中小投资者；证券研究业务隶属于证券研究部门，服务对象为机构投资者。这个时期的证券研究部门还定位于证券公司经纪、自营、资产管理等业务部门的后台支持。直到 2000 年，公募基金规模的扩大促使证券研究部门开始独立地提供研究服务，逐步成为证券公司的核心竞争力，并在资本市场中充当了信息中介的作用。而监管制度，机构投资者以及市场环境在这个过程中发挥了关键作用。

（一）监管制度正确引导研究发展

监管政策推动了证券公司证券研究业务的独立发展。1998 年中国证监会发布了《关于加强证券投资基金监管有关问题的通知》，对证券投资基金的相关行为进行了规范，证券投资基金应按照经营状况、业务合规以及证券研究实力等标准选择合作证券公司，向其租赁证券交易席位并开展投资交易。监管机构将证券公司的研究能力作为其获取经纪业务的重要指标，从而在政策上引导机构投资者重点关注证券公司的服务质量，也促使证券公司把提升自身的研究水平作为获取客户的重要途径。近年来，基金公司逐步建立起对证券公司服务质量的评级体系，其根据证券公司的研究实力和服务情况调整其在不同交易席位的交易行为。而各大证券公司为了争取重量级客户，组建了高质量的证券研究团队直接对接机构投资者需求。

（二）机构投资者加大投资研究需求

机构投资者类别和规模的快速扩张对研究报告产生了巨大的信息需求。自

证券投资基金起步以来，陆续有保险资产、境外资本的 QFII、社会保障基金、公司年金等资金不断入市，机构投资者发展迅速，目前持有 A 股流通市值比例超过了 70%，在投资主体和资金规模都大幅增长的情况下，机构的交易活动对证券研究呈现出几何级的需求，这种资本市场的自发需求是证券分析及研究服务发展的重要基础。

（三）市场环境提供研究发展的条件

市场有效性的不断提高为证券分析师研究提供了良性的外部环境。股权分置改革改变了资本市场的股权结构，股票市场全面实现了同股同权，市场进入了全流通时代，真正实现了资金的融通，吸引了更多的机构投资者投资入市；信息披露制度的不断完善降低了公司信息的传递成本、降低资本市场的信息不对称，更好地发挥证券分析师的信息解读能力，让投资者更加注重公司基本面的研究；投资理念的转变终结了靠内幕交易、靠资金获利的“庄股”时代，尽管中国资本市场仍然存在是否是价值投资的争辩，但价值投资的理念已经逐步萌芽。

证券分析师在证券市场的发展中不断成长，从业人员、业务环境以及研究报告水平都有很大程度的提升。近年来，证券分析师人数的增长保持着稳定的增幅，从事发布研究报告的人员素质不断提升。截至 2018 年，中国证券行业注册从业人员为 34.43 万人，其中证券分析师为 0.31 万人。89 家证券公司的全部员工总数为 5088 人，其中具有 5 年以上从业经验的员工有 1758 人，具有博士及以上学历的员工有 487 人；证券业务环境发生了重要变化。“新财富最佳证券分析师评选”活动一直以来是证券分析师的名利场，证券分析师不仅在平时就通过发布偏乐观的研究报告来建立与机构投资者的良好关系，更是在投票期间通过拉票和贿选来争取投票，2018 年，由于对评选活动中存在不正当竞争的负面报道，导致 30 家证券公司退出“新财富证券分析师”的评选活动，从 2003 年开始的“名利盛会”到 2018 年戛然而止。随后，监管部门相继出台了规范证券分析师职业行为的相关规定，要求证券公司加强对证券分析师评选活动的管理，强化证券分析师职业道德建设；证券研究报告的数量和质量都有大幅提升。研究报告仍然是证券分析师能力和证券公司实力的重要衡量标准，各证券公司竞相加大对研究报告质量和数量的投入，2018 年，85 家证券公司共发布研究报告18万篇，其中深度报告为18752篇，占比10%。

三、美国与中国证券分析师行业状况对比

与美国200年历史的成熟市场相比，我国证券分析师行业仅经历了30年，虽然从总体规模上来说，我国的资本市场规模已位居世界第二，但与美国相比，证券分析师行业的发展还有较长的路要走。具体表现在证券分析师素质有待提高、行业自律发展不足、证券分析师主体结构不平衡、法律监管较为滞后等。

（一）证券分析师素质有待提高

我国对证券分析师的专业资格要求还停留在基础从业阶段，国内的考试体系无法认证证券分析师的专业水平，难以引导证券分析师提升专业技能。而国外的证券分析师考试都按难度进行分级，美国投资管理和研究协会通过考试对特许金融证券分析师（CFA）进行认证，考试包括三个层级，具体内容包括职业道德准则、相关专业知识、分析技能等涉及金融行业各个方面；我国证券分析师更偏好技术分析，更多的是对股票投资的短期建议。国外证券分析师更注重公司的投资回报，而国内的证券分析师更注重股票相对市场的表现，更注重技术面的分析；另外，证券分析师行业整体声誉不高，重营销轻研究的现象普遍。证券分析师的研究报告更多地被当作所属公司经纪和承销等业务的营销工具，2018年的“新财富最佳证券分析师”评选活动的一些不规范的行为，也充分暴露了证券分析师更注重与机构投资者的关系，明星证券分析师不仅是研究明星，也是社交明星。

（二）行业自律发展不足

我国的行业自律工作主要由中国证券业协会组织开展，由于成立时间较短，和美国的行业自律组织相比管理能力和行业经验相对不足。主要表现在对证券分析师教育、培训、交流和评选活动的指导和服务不够；2000年出台的《中国证券分析师职业道德守则》对证券分析师遵从职业守则的约束力较小，对证券分析师的职业道德培训工作力度不够；加强国际交流不仅有助于协会的发展，更有利于证券分析师整体素质的提升，行业协会作为注册国际投资证券

分析师协会等国际证券分析师团体的成员，对与国外证券分析师团体的交流，甚至协会内部间的沟通都远远不够。

（三）证券分析师主体结构不平衡

中国的买方证券分析师势力单薄，难以形成制衡力量纠正市场错误。美国资本市场中机构投资者是市场的主要力量，而受雇于各个机构的买方证券分析师主要供内部使用，其薪酬激励主要通过为公司提供高收益和低风险的投资组合来获取奖励。因此，相对于卖方证券分析师，买方证券分析师具有更强的客观性和独立性，能够为公司挖掘股票的内在价值，推荐低估的股票，规避高估的股票。在 2001 年的安然公司财务欺诈案中，在卖方证券分析师一致看多的背景下，买方证券分析师不断对安然公司的价值提出质疑，并做空安然公司的股票，为揭开安然公司的内幕发挥了关键作用。与美国资本市场不同，我国虽然超常规地发展了机构投资者，但各类主体还处于发展阶段，买方证券分析师尚未能形成一股影响资本市场的力量，不能在市场高估时发出自己的声音，难以发挥外部监督的作用。另外，中国也缺乏专业做空的研究机构。中国证券市场没有形成完善的做空机制，也就没有专业做空的证券分析师。专业做空的证券分析师更加专注于公司的负面信息和造假行为，通过分析和调研挖掘出公司隐藏的信息，帮助投资者认识公司的实际价值，降低乐观偏差。2020 年 2 月，浑水机构做空瑞幸咖啡的事件充分说明了做空证券分析师对市场的纠错能力。浑水机构雇人对瑞幸的全国门店进行现场统计客流量、收集售卖小票；对公司的关联方、供应商、客户、竞争对手、行业专家等各个方面进行调查，从而证伪公司的虚假数据，最终实现对公司的正确定价。

（四）法律监管较为滞后

证券分析师既能因为信息垄断而影响股票价格，也会因为其非中立性而误导投资者，为了保护投资者利益，促进资本市场的有效运行，需要依靠法律法规来强制约束证券分析师的自利行为。美国出台了一些监管规定和法律法规对证券分析师行为进行约束，降低了证券分析师的利益冲突、限制证券分析师利用信息垄断获利，具体有《公平披露法案》《萨班斯—奥克斯利法案》《全球证券分析师和解协议》《多德—弗兰克法案》。《公平披露法案》保护了投资者的公平获取信息的权力；《萨班斯—奥克斯利法案》加强对证券分析师的独立性监督，并要求披露证券分析师的利益冲突；《全球证券分析师和解协议》促使证券公司实施内部结构改革和改进证券分析师薪酬评价体系，隔离证券分析师与公司其他部门的利益关系，督促证券分析师提供独立的研究；《多德—弗兰克法案》促使投资银行分离其自营交易部门，隔断证券分析师与自营部门的利益关系，间接保护了中小投资者的利益。而我国仅在1998年发布了《证券、期货投资咨询管理暂行办法》，2011年发布了《发布证券研究报告暂行规定》，关于证券分析师的监管法律法规亟需完善，既要保护好中小投资者的利益，也要保障证券分析师的合法权利，减少外界对证券分析师独立性的影响。

第三节　我国证券分析师独特特征

证券分析师是上市公司与投资者之间的沟通桥梁，作为资本市场的信息中介较好地缓解了信息不对称问题，帮助投资者发现股票价值和识别市场风险，在资本市场中的影响力越来越大，然而证券分析师的独立性却一直是市场各方诟病的焦点。尤其是美国在一些证券分析师的造假丑闻被揭露后，证券分析师行业面临前所未有的信任危机，美国证券交易委员会为了维护资本市场的健康发展，保护中小投资者利益，加大了对证券分析师执业过程违规行为的处罚力度。

客观地说，国内证券分析师的独立性问题要比国外的情况严重。据统计，证券分析师研究报告中投资建议为“买入”和“增持”评级的比例超过80%，而“卖出”和“减持”评级的比例不到1%。即便在市场连续下跌的熊市中，证券分析师的乐观偏差依然普遍存在，这也加大了市场对证券分析师独立性的质疑。为了规范证券分析师的执业行为，2012年中国证券业协会发布了《证券分析师执业行为准则》，要求证券分析师遵循独立、客观、公平、审慎、专业、诚信的执业原则，保持应有的独立性，不因其他利益相关者的不当要求而放弃独立的立场。目前证券公司都是综合性的证券中介服务机构，能够开展经纪交易、投资银行、自营投资、委托理财等多项业务，证券公司将证券分析师的收入与公司的佣金、服务等挂钩，从而将证券分析师的研究报告与公司的各项业务捆绑在一起。另外，明星证券分析师评选由机构投资者投票选出，是证券分析师的主要票仓，由此证券分析师不可避免地要迎合机构投资者以博取好感。在这种利益激励模式下和声誉形成机制下，证券分析师要在个人利益和职业道德之间找到平衡点，实现自身利益和证券公司利益的最大化。

一、证券公司利益驱动下的乐观偏差

我国的证券公司大多是综合性的证券机构，其业务包括经纪业务、投资银行、自营管理、委托理财等，证券分析师所在的证券研究部门属于后台部门，其不直接通过售卖研究报告来获取收益，而是依附于证券公司的其他部门，通过向证券公司其他部门及客户提供研究报告分析服务来分享证券公司的收益。在这种利益机制下，证券分析师的利益与证券公司的业务收入直接挂钩导致证券分析师难以独善其身，不得不发布偏乐观的研究报告来为证券公司争取客户提供支持，本研究从证券公司的具体业务来说明证券分析师的乐观偏差的原因。

（一）经纪业务驱动的证券分析师乐观偏差

经纪业务是证券公司的传统业务，主要是向客户收取证券交易手续费和佣金，是证券公司最重要，也是相对稳定的收入来源。按照相关法律规定，证券交易所实行会员制，非会员单位进行投资交易首先要从会员单位即证券公司处租赁交易席位获取交易资格。机构投资者通常会建立对证券公司服务质量的评价体系，并按照服务质量的好坏向不同的证券公司租赁交易席位进行交易，按照交易量规模支付一定比例的佣金，这部分佣金就是证券公司的经纪业务收入。证券公司通过提供高质量的证券研究服务来争取和维持机构投资者的交易，并将经纪业务的佣金收入与证券分析师的绩效挂钩，证券分析师为了保证机构投资者的持股收益，会主动迎合机构投资者对有偏报告的喜好。Irvine（2004）研究发现，在盈利预测发布两周内，如果证券分析师盈余预测与证券分析师一致预期存在显著差异，会增加公司的交易量，从而为公司带来更多的佣金收入，但证券分析师盈余预测的误差大小并不会影响公司的交易量。在利益的驱使下，证券分析师会放弃盈余预测的准确度而发布更加乐观的研究报告，损害了证券分析师的独立性。

（二）投行业务驱动的证券分析师乐观偏差

投资银行业务主要是通过提供股票及债券承销及财务顾问服务来获取承销佣金和顾问费。证券分析师在其中会参与上市公司的尽职调查和后续的路演活动，并协助投资银行部门完成承销工作。投资银行部门为了获取承销业务收入，会要求证券分析师为承销业务提供研究报告支持，证券分析师为了分享承销业务的分成和获取与承销业务相关的非公开信息，会为承销客户发布偏乐观的研究报告，具体表现为：一是投资银行部门为了获取承销业务，要求证券分析师配合融资活动出具有利于发行人和上市公司的研究报告，增加其获取承销业务的概率；二是投资银行部门为了保证承销业务的顺利完成，会要求证券分析师发布偏乐观的研究报告托市，吸引投资者关注，提升公司股票价格。三是证券分析师通过发布有利于承销客户的研究报告，获取与承销业务有关的能够影响股票价格走势的非公开信息，并利用这些信息增加证券分析师研究报告的信息含量。

（三）自营业务驱动的证券分析师乐观偏差

自营投资也是证券公司的重要收入来源，是证券公司利用自有资金在证券市场投资博取差价的业务，体现了证券公司的投资水平。证券自营部门会要求证券分析师通过研究报告影响自营持仓股票的收益，而证券分析师也会为了从自营业务中分成而出具满足自营投资需要的研究报告，具体表现为：一是证券分析师在完成研究报告后，在对外发布前先提供给自营投资部门，使得自营投资能够先于客户交易，从而获取更高的信息收益，导致信息获取的不平等；二是自营投资部门为了保证投资交易收益最大化，基于投资决策的需求，会在具体交易前要求证券分析师出具有倾向性的研究报告来影响交易价格，更好地为自营投资部门的交易行为提供交易机会、获取最大收益和避免亏损。

二、证券分析师个人利益驱动下的乐观偏差

证券分析师是一个理性的经济人，会在证券研究的活动中权衡利弊做出最

有利于自身利益的选择，因而其行为会受到利益的诱惑而损害市场效率。具体表现为：一是在证券公司现有的业绩考核方式下，证券分析师的个人利益与公司业务收入直接挂钩，证券分析师为了获取收益会为所在证券公司的经纪业务、投行业务、自营业务发布具有倾向性的研究报告。而证券分析师一旦发布了不利于客户的研究报告，证券公司将面临损失客户的风险。二是在现有的明星证券分析师评选机制下，机构投资者掌握着证券分析师职业发展的投票权。《新财富》赋予了机构投资者对明星证券分析师的投票权，证券分析师一旦获得明星证券分析师的头衔就能名利双收。证券分析师为了个人声誉、职业前景，更有动机通过发布偏乐观的研究报告来获取机构投资者的投票支持。三是为了获取上市公司的私有信息。证券分析师证券研究的对象是上市公司，其信息主要来源就是公司的管理层。上市公司会定期发布关于公司财务状况和经营发展的信息，如高管变动、激励计划、并购重组、财务报告及业务发展等，而证券分析师通过电话会议、实地调研、定期报告等方式获取这些信息，并以研究报告的形式向投资者提供投资建议。为了获取超过其他信息使用者的私有信息，证券分析师通过迎合来建立和保持与管理层的关系，而迎合的方式就包括发布偏乐观的研究报告来维持和提升上市公司股价。证券分析师在这种交易中获取的私有信息越多，机构投资者对证券分析师的认可度就越高，证券分析师就有更好的职业前景。

第四节 我国证券分析师实地调研的制度背景

一、证券分析师实地调研的重要意义

Lang and Lundholm（1996）认为与公司直接接触是证券分析师的信息来源中最主要的信息来源。Lees（1981）通过调查发现证券分析师与管理层的会面来获取信息的重要程度超过了上市公司定期披露的财务报告。而证券分析师实地调研是一种有效地与管理层接触的形式，是其搜集私有信息的重要途径。实地调研一方面可以在公司厂址和办公场所观察公司的生产经营和业务管理情况，获取对公司和员工的感性认识；另一方面，可以与管理层面对面的交流，

并就感兴趣或需要证实的信息进行提问，从而最大限度地获取第一手信息。我国的监管机构也十分重视上市公司的投资者关系管理，积极引导证券分析师开展实地调研活动。中国证监会发布《上市公司与投资者关系工作指引》，鼓励上市公司安排现场调研和访谈的形式与投资者交流。深圳证券交易所出台《上市公司投资者关系管理指引》，鼓励上市公司通过接待投资者参观公司工厂、办公地点、募投项目等，促进公司与投资者之间的交流和沟通，增进投资者对公司的了解和信任，改善市场信息环境。

二、我国证券分析师实地调研的信息披露要求

由于美国对电话会议有成熟的制度化要求，但没有公开披露实地调研数据，因此，美国在与公司管理层的直接沟通领域的研究主要集中在上市公司电话会议方面。而中国监管机构为实地调研的信息披露提出了明确要求，为相关研究提供了独特的中国数据。为了维护市场信息公平，规范公司选择性披露信息的行为，2006 年，深圳证券交易所发布了《上市公司公平信息披露指引》，强制要求上市公司及信息披露义务人在发布尚未公开的信息时，要使所有的信息使用者能同时获取同样的信息，确保享有公平的信息获取权，不得将特定的信息透露给特定的对象。具体来说要求上市公司向监管部门及时全面地报送《投资者关系活动记录表》进行备案，表中要求填写上市公司接受访谈和调研的投资者关系活动记录。2009 年，深圳证券交易所要求上市公司在年报中披露接待实地调研的相关信息，包括调研日期、参与机构及人员等。2012 年，深圳证券交易所发布了《信息披露业务备忘录第 41 号—投资者关系管理及其信息披露》，对投资者关系管理的信息披露提出了更高的要求。要求上市公司在投资者关系活动结束后的两个交易日内，将填制的《投资者关系活动记录表》及在投资者关系活动中使用的相关附件一并在深交所互动易网站上的“投资者关系”栏目公开披露，《投资者关系活动记录表》中也增加了投资者关系活动的细节记录。深交所通过检查互动易网站上上市公司回答投资者问题和履行信息披露义务的情况，对上市公司的信息披露质量进行考核。上交所在实地调研方面并未对上市公司的公开披露行为作出强制性要求，仅要求上市公司在接受实地调研后，将调研的相关信息形成书面文件向上交所备案即可。

第四章　会计信息可比性对证券分析师乐观度的影响

第一节　引　　言

会计信息可比性是与投资决策相关的会计信息质量特征。投资决策是在比较基础上的选择，如果没有比较信息，就无法进行合理的评估。而会计信息可比性能够帮助投资者辨别经济事件的相似性和差异性，从而更好地评估公司历史和当前的经济表现，更好地理解经济事件如何转化为会计业绩，最终从众多替代机会中选择最优的一项。这样，会计信息可比性增强了投资者判断投资优劣的能力时，资本就能得到更加有效的配置。已有研究认为更高的会计信息可比性能够为证券分析师的预测行为提供便利，提高市场效率（De Franco et al.，2011）。一是降低证券分析师信息处理成本。由于证券分析师理解和分析可比性较高公司的财务报表所付出的努力低于可比性较低公司的财务报表所付出的努力，使得可比性高的公司增加证券分析师的关注度；二是提高证券分析师可用信息集质量。可比性高的公司为彼此提供了更好的基准，加大了同类公司之间的信息转移，为证券分析师提供了其他公司的额外信息，使得证券分析师预测准确度提高，预测分歧度降低。

现有研究忽略了会计信息可比性差异对证券分析师乐观偏差的影响。证券分析师乐观偏差是普遍存在的证券分析师个体自利行为，证券分析师乐观偏差使得坏消息无法通过披露融入股价中，导致股价被高估，降低市场的定价效率。虽然会计信息可比性能够对证券分析师预测行为带来正向影响并提高市场效率，但由于现有文献并未检验会计信息可比性对证券分析师的乐观偏差的影响，因而不能确定会计信息可比性一定能提高市场的定价效率。如果高的会计信息可比性加大了证券分析师乐观偏差，将导致市场定价的低效率，只有高的会计信息可比性降低证券分析师乐观偏差，才能确定提高市场定价效率。

本章将从两个角度考察会计信息可比性对证券分析师乐观偏差的影响。一是声誉机制。高可比性加大了投资者对证券分析师声誉的监督力度，增加了证券分析师发布偏乐观研究报告的成本；二是信息需求。高可比性增加了证券分析师可利用的公开信息，降低了证券分析师用偏乐观的研究报告交换私有信息的需求。据此可以合理推测，会计信息可比性越高，证券分析师的乐观偏差越低。

本章以 2006 ~ 2020 年我国 A 股上市公司为样本，实证检验会计信息可比性对证券分析师乐观偏差的影响。研究结果表明：（1）会计信息可比性与证券分析师乐观偏差负相关。更高会计信息可比性的公司拥有更高质量的信息集，一方面让投资者更容易识别证券分析师的乐观倾向，降低对发布偏乐观研究报告证券分析师的信任度，增加证券分析师的声誉成本；另一方面增加证券分析师可供利用的公开信息，从而降低其用偏乐观的研究报告交换私有信息的需求，减少证券分析师的乐观偏差。（2）会计信息可比性对明星证券分析师乐观偏差的负向影响更加显著。相对非明星证券分析师，明星证券分析师更看重个人的声誉，而且声誉成本更高，在会计信息可比性较高时，会主动减少发布偏乐观的研究报告。（3）会计信息可比性在信息透明度低的公司中对证券分析师乐观偏差的负向影响更加显著。在信息透明度较低组，更高的会计信息可比性能够更好地提升信息质量，更可能降低证券分析师发布偏乐观的研究报告；在信息透明度较高组，更高的会计信息可比性对信息质量的提升作用有限，对证券分析师发布偏乐观的研究报告影响不明显。

本章的研究贡献主要体现在以下几个方面。第一，丰富了会计信息可比性对证券分析师行为影响的文献。之前的文献研究了会计信息可比性对证券分析师跟踪、盈余预测准确性和预测分歧度的影响，却没有研究对其发挥信息中介有负面影响的乐观偏差的影响。第二，用信息需求的视角研究了证券分析师乐观偏差的影响因素。证券分析师在盈余预测时会动态调整其利用的公开信息和私有信息的比重，更高的会计信息可比性提升了公开信息的质量，而获取私有信息是要付出成本的。在这种情况下，证券分析师会更多地依赖公开信息，减少对私有信息的需求。第三，丰富了证券分析师声誉经济后果的研究。从其他信息使用者的视角来看，更高的会计信息可比性提供了更高质量的公开信息，帮助他们更容易识别证券分析师研究报告的乐观偏差，发布偏乐观的研究报告为证券分析师带来利益的同时，也降低了其市场影响力和声誉。因此，证券分析师出于保护声誉，避免失去投资者信任和市场影响力的目的，会主动减少偏乐观研究报告的发布，从而表现出声誉对证券分析师自利行为的约束，为证券分析师的声誉机制提供了新的证据。

第二节　理论分析与假设研究

作为资本市场的重要信息中介（Healy and Palepu，2001），证券分析师提供了关于上市公司盈余预测 22% 的会计信息（Beyer et al.，2010）。证券分析师凭借信息优势和个人能力，在搜集和加工信息的基础上形成对公司价值的判断和预期，并以发布研究报告的形式向投资者提供投资建议，从而缓解公司管理层与外部投资者之间的信息不对称，促进信息融入股价的进程，改善资本市场配置效率（Schipper，1991；方军雄，2007；许年行等，2012）。然而研究表明，证券分析师研究报告中普遍存在盈余预测显著高于实际盈余（Francis and Philbrick，1993），“买入”或“增持”乐观评级显著多于“卖出”或“减持”悲观评级的现象，这种相对实际盈余或者相对“中性”评级的正向偏差就是证券分析师的乐观偏差。证券分析师的乐观偏差会损害资本市场定价效率，由于投资者不能有效识别证券分析师的乐观偏差，证券分析师的乐观预测会引发投资者的乐观情绪，导致公司股价偏高（Womack，1996；潘越等，2011），并导致公司的负面信息不能通过证券分析师的研究报告及时地融入股价中，放大了股票定价偏差，降低了资本市场资源配置效率（Scherbina，2008）。由于证券分析师乐观偏差造成市场效率的损失，因此关于证券分析师乐观偏差的影响因素和如何降低证券分析师乐观偏差的探讨，成为对资本市场有重要意义的研究话题。

产生这种普遍存在的乐观偏差的主要原因是利益，如增加证券公司的承销收入、提高交易佣金、迎合管理层需求、维护机构投资者关系、争取职业晋升等，另外还有认知偏差的原因（Bradshaw，2011；曹胜和朱红军，2011；伍燕然等，2012；赵良玉等，2013）。为了减少证券分析师乐观偏差的不利影响，部分学者对如何减少证券分析师乐观偏差进行了研究。如证券分析师竞争产生的自我约束、公平信息披露规则减少机构投资者对证券分析师获取私有信息的压力以及卖空机制，都能降低证券分析师的乐观偏差（Hong and Kacperczyk，2010；谭跃等，2013；Ke et al.，2018）。

更高的会计信息可比性为信息使用者提供了更高质量的公开信息，让信息使用者可以在不同公司之间对经济事项进行比较，更好地评估公司的内在价值，从而优化投资决策水平。一方面，更高的会计信息可比性为公司间的比较提供了更好的基准，使得信息使用者能够比较不同公司的经营水平和发展前景的优劣。进行公司财务报表分析的基础，先是要确定一个“可比”的基准，否则很难从财务指标中得出有意义的经济比较。信息使用者通过与基准公司进行比较，形成在行业内对公司投资价值优劣顺序的判断，使得信息使用者对单个公司绝对价值的判断转变对行业内所有公司相对价值的判断，从绝对评价法转变为相对评价法。绝对评价法是将评价对象与预先设定的目标基准进行比较，评价标准难免主观；而相对评价法是在团体中确定一个基准，将评价对象与基准比较，从而得出其在团体中的相对位置，相对评价法能够更好地比较公司之间的差异，并且能够剔除外部市场环境变化对行业内公司的系统性影响，因而能帮助信息使用者对被分析公司做出更加客观、准确的评价，促使证券分析师维持相对稳定的判断，最终提高资本市场的资源配置效率。另一方面，这种在行业内相互提供基准的模式促使可比公司的信息在行业内流动和传递，从而给信息使用者提供了一组更高质量的信息集。这组高质量的信息集降低了信息使用者获取行业层面信息的难度和理解公司财务报告信息所要付出的努力，减少了信息使用者的信息分析成本；同时也增加了信息使用者可利用的信息，使信息使用者能够更好地理解经济事项对不同公司业绩影响的差异，更准确地评估公司的财务状况和发展趋势，增强信息使用者的决策水平，提升证券分析师的盈余预测水平。

会计信息可比性也能对证券分析师的乐观偏差产生影响。一方面，声誉机制抑制了证券分析师发布偏乐观的研究报告。证券分析师有动机提供更为准确的盈余预测，来获取职业晋升和提高声誉的机会（Hong et al.，2003）。反之，证券分析师为了维护自己的行业声誉和职业前途，会尽力坚持独立公正的立场，减少预测的乐观偏差。更高的会计信息可比性为信息使用者对公司的价值判断提供了可比基准，使得信息使用者能够对行业内公司的投资价值进行优劣排序，而这种对行业内相对稳定的公司价值排序能够减少证券分析师的绝对乐观偏差。当证券分析师给一家公司出具偏乐观的研究报告与公司的真实状况不一致时，必然会改变市场对行业内公司原有的内在价值排序，这种打破行业排序的乐观偏差更容易被市场参与者识别，信息使用者会质疑证券分析师的研究报告，进而降低对证券分析师本人的信任度。证券分析师也会因为连续出具有偏向性的研究报告而损害其声誉，进而失去其对市场的影响力。另一方面，公开信息的增加减少了证券分析师对私有信息的需求。证券分析师作为一个理性经济人，其行为也要遵循成本效益原则。更高的会计信息可比性促进了信息在行业内的流动，可比公司增加了公开信息的数量，降低了对公开信息的分析成本，使得证券分析师在公司的比较中付出更少的努力就能更好地理解公司的经营状况，更准确评价公司的真实价值，提高盈余预测的质量。私有信息虽然能够增加证券分析师研究报告的信息含量，提升证券分析师的预测水平，但获取私有信息需要付出成本，如需要增加与公司管理层的接触或者用偏乐观的研究报告与管理层交换等。如果证券分析师具有相同的预测模型，更高的会计信息可比性意味着更高质量的公共信息，那么证券分析师的最优预测将更多地倚重公共信息，而减少对私有信息的需求。也就是说，在可比性高的公司中，证券分析师达到最优预测水平时私有信息的需求不仅没有增加，反而有所减少。因此，在外部信息环境发生变化时，就预测水平本身而言，证券分析师会降低对私有信息的搜寻，因而也就不必通过发布过度偏乐观的盈余预测和投资建议来讨好公司管理层获得私有信息。抑制证券分析师乐观偏差的机制如图 4－1 所示。

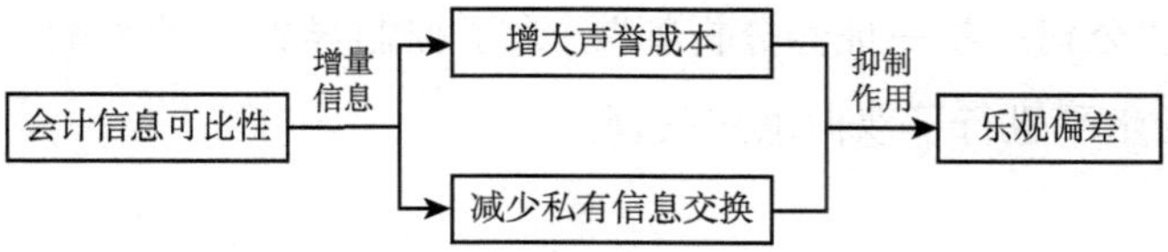

图 4－1 抑制证券分析师乐观偏差的机制

综合以上分析，更高的会计信息可比性既可能会通过证券分析师声誉来抑制其发布偏乐观研究报告的行为，也可能减少证券分析师用偏乐观的研究报告交换私有信息的需求，两种方式都会减少证券分析师盈余预测的乐观偏差。

基于上述分析，本书提出假设4－1：

假设4－1：会计信息可比性的提高会降低证券分析师盈余预测的乐观偏差。

第三节 研究设计

一、研究样本

本章选取2006～2020年沪深两市A股上市公司作为研究对象。证券分析师盈利预测数据来源CSMAR，证券分析师盈余预测的相关指标在上述证券分析师盈余数据的基础上计算得到；公司经营及治理相关数据也来自CSMAR。选择2006年作为研究开始期间的原因是，A股上市公司自2002年起才被强制要求披露公司季报，由于计算会计信息可比性需要采用连续16个季度的财务和市场数据，2006年为最早能计算的可比性指标的年度。

本书对初始样本做了如下处理：（1）删除证券分析师盈余预测数据缺失的样本；（2）公司的经营和财务状况随着时间不断变化，证券分析师需要最新的信息来预测公司盈余，证券分析师盈余预测报告时间相对财务报告公布时间的间隔长短会显著影响证券分析师预测行为，因而本书剔除证券分析师盈余预测的跨年观测，并且选取当年盈余预测的最后一次预测作为有效预测；（3）删除跟踪证券分析师数量只有1个的公司样本；（4）因计算会计信息可比性指标的计算需要完整的16个季度的财务数据，所以删除不合要求的样本；（5）删除控制变量缺失的样本。通过以上处理，本书最终得到108113个样本，该样本的数据结构为“公司—年—证券分析师”。为了控制异常值的影响，全部连续变量按照1%的水平进行了双向缩尾处理。

二、变量定义

（一）被解释变量

为了研究会计信息可比性对证券分析师盈余预测乐观度的影响，本书定义证券分析师个人层面的预测乐观度为：

$$Fopt_{i,j,t} = \frac{FEPS_{i,j,t} - EPS_{j,t}}{PRICE_{j,t-1}} \tag{4-1}$$

其中，i 为证券分析师，j 为被证券分析师预测的公司，t 为公司经营年度。FEPS 为当年每个证券分析师最后一次预测的公司每股收益，EPS 为公司实际每股收益，PRICE 为公司的年末股价。证券分析师的乐观偏差以公司的真实盈余情况做参照，通过比较第 t 年证券分析师 i 对公司 j 每股盈余的预测值与公司真实每股盈余值，判断该证券分析师是否存在乐观偏差，当 Fopt 大于零时，则认为证券分析师存在乐观偏差。

（二）解释变量

本书的解释变量是会计信息的可比性。采用 De Franco et al. （2011）对会计信息可比性的测度方法，对中国上市公司的可比性进行计算和分析。

（三）控制变量

本书参照谭松涛和崔小勇（2015）的模型设计，对可能影响证券分析师乐观度的因素进行了控制，具体包括如下变量：公司规模 Size；公司收入波动性 Volatility；公司上市时长 Age；证券分析师跟踪公司数量 Cover；分析报告预测期限 Horizon；公司被跟踪的证券分析师数量 Follow；机构投资者持股比率 Inst。

主要变量的详细定义见表 4－1。

表 4－1　　主要变量的详细定义

变量名	定义	计算方法
Fopt	证券分析师乐观度	证券分析师在 t 期对公司的最后一次预测与实际盈余的差除以上期期末股价
CompAcct4	会计信息可比性 1	与行业内其他公司组合可比性（基于 De Franco 模型计算）排名前 4 的均值
CompAcctInd	会计信息可比性 2	与行业内其他公司组合可比性（基于 De Franco 模型计算）的中位数
CompAcctD	会计信息可比性 3	可比性（基于 De Franco 模型计算）大于中位数取 1，否则取 0

续表

变量名	定义	计算方法
Size	公司规模	公司 t 期年末的总资产对数值
Volatility	收入波动性	公司 t 期前 3 年营业收入与总资产比值的标准差
Age	公司年龄	分析报告公告年度距离公司上市年度的年数
Cover	证券分析师跟踪数量	证券分析师在 t 期跟踪的公司的数量的对数值
Horizon	预测期限	分析报告发布日距离预测目标年度的天数的对数值
Follow	证券分析师关注度	在 t 期对目标公司进行盈余预测的证券分析师数量的对数值
Inst	机构持股比	公司 t 期的机构投资者持股比例

三、实证模型

本书主要通过以下模型检验会计信息可比性与证券分析师乐观度间的关系：

$$Fopt_{i,j,t} = \alpha_0 + \alpha_1 Comparability_{i,t} + \alpha_2 Control_{i,t} + \varepsilon_{i,t} \tag{4-2}$$

其中，Fopt 为证券分析师预测乐观度；Comparability 为会计信息可比性，衡量公司的会计系统的相似度，具体计算方法为：取行业内某个公司对其他所有公司组合的可比性的排名前 4 的均值 CompAcct4，Control 为控制变量，相关变量定义参见表 4 - 1。如果假设 4 - 1 成立，会计信息可比性能够降低证券分析师预测乐观度，那么预期系数α_1应该显著为负。

第四节　实证分析

一、描述性统计分析

本章给出了主要变量的描述性统计。从表 4 - 2 的描述性统计中可以看出，Fopt 的均值为 0.008，标准差为 0.022。这说明虽然证券分析师盈余预测的差异度不大，但证券分析师的盈余预测整体来说是偏乐观的，证券分析师预测普遍大于公司的真实盈余水平。

表 4-2　　主要变量描述性统计

变量名	观测数	均值	标准差	最大值	中位数	最小值
Fopt	108113	0. 008	0. 022	0. 107	0. 004	-0. 056
CompAcct4	108113	-0. 012	0. 008	-0. 002	-0. 010	-0. 041
Size	108113	23. 270	1. 787	29. 41	22. 910	20. 58
Age	108113	11. 020	5. 195	24. 000	10. 000	4. 000
Volatility	108113	0. 093	0. 090	0. 504	0. 065	0. 005
Horizon	108113	4. 955	0. 833	5. 883	5. 130	1. 792
Follow	108113	2. 844	0. 728	4. 060	2. 944	0. 693
Cover	108113	3. 052	0. 822	4. 942	3. 091	0. 693
Inst	108113	0. 435	0. 229	0. 867	0. 457	0. 015

二、单变量分析

在回归分析前，先对被解释变量进行单变量分析，以检验证券分析师乐观偏差在不同程度的会计信息可比性下是否存在显著差异。表 4-3 报告了单变量分析结果。在 Panel A 中，按照会计信息可比性 CompAcct4 的中位数分为两组，在 CompAcct4 大于中位数的组中，会计信息可比性更高，反之会计信息可比性更低。T-检验的结果显示，Fopt 的均值在列（1）中比在列（2）中更小，且差异在 1% 的水平显著，说明公司的会计信息可比性越高，证券分析师发布偏乐观的研究报告越少。Panel B 中的全样本按照 ComAcctInd 的中位数分为两组，大于中位数的组意味着会计信息可比性更高。T-检验的结果同样显示，Fopt 的均值在列（1）中比在列（2）中显著更小，说明更高的会计信息可比性降低了证券分析师的乐观偏差。上述结果均支持本章的假设 4-1。

表 4-3　　单变量分析结果

	（1）Higher	（2）Lower	（1）-（2）	T-Value
Panel A：按 ComAcct4 分组				
Fopt	0. 007	0. 008	-0. 001	(-8. 27)***
Panel B：按 ComAcctInd 分组				
Fopt	0. 007	0. 009	-0. 001	(-11. 06)***

三、回归分析

表4－4报告了会计信息可比性对证券分析师乐观偏差影响的回归结果。第（1）列是在没有加入控制变量的情况下证券分析师乐观度 Fopt 对会计信息可比性 ComAcct4 的回归结果，第（2）列是在加入控制变量后证券分析师乐观度 Fopt 对会计信息可比性 ComAcct4 的回归结果，两个模型的系数都在1%的水平上显著为负。会计信息可比性越高，证券分析师的乐观偏差越小，与本章的研究假设4－1结论一致。从经济意义上讲，CompAcct4 中一个标准差的变化导致证券分析师乐观度减少约0.001（＝－0.008×0.176），这表示样本中公司的乐观偏差平均降低约12%。

其他控制变量来看，公司上市的时间越长、当期证券分析师跟踪的公司数量越多、对某家公司跟踪的证券分析师数量越多、机构投资者持股比例越高，证券分析师的乐观偏差显著降低。而公司规模越大、收入波动性越大、预测期间的时间间隔越长，证券分析师的乐观偏差越大。

表4－4　　会计信息可比性与证券分析师乐观度

变量	(1)		(2)	
	系数	t值	系数	t值
CompAcct4	－0.206	(－16.83)***	－0.176	(－3.84)***
Size			0.001	(4.88)***
Age			－0.000	(－3.59)***
Volatility			0.006	(1.99)**
Horizon			0.004	(26.78)***
Follow			－0.005	(－14.63)***
Cover			－0.000	(－2.40)**
Inst			－0.005	(－4.33)***
Constant	－0.002	(－0.76)	－0.024	(－3.39)***
Industry	YES		YES	
Year	YES		YES	

续表

变量	(1)		(2)	
	系数	t 值	系数	t 值
Cluster by firm	YES		YES	
Observations	108113		101576	
Adj. R^2	0.04		0.09	

注：*** 在 1% 水平显著；** 在 5% 水平显著；* 在 10% 水平显著。

第五节　稳健性检验

本书进行了以下几个方面的稳健性检验以保证结果的可靠性。检验结果显示，本章的结论是较为稳健和可靠的。

第一，变更会计信息可比性的衡量方式。之前的研究采用行业内公司对其他所有公司组合的可比性排名前 4 的均值 CompAcct4 作为该公司的会计信息可比性度量，本书还计算了行业内公司对其他所有公司组合的可比性中位数 CompAcctInd；此外，我们还以公司会计信息可比性的中位数为标准将公司的会计信息可比性分为高低两组，并由此生成新的度量指标 CompAcctD，会计信息可比性高于中位数的公司 CompAcctD 取值为 1，否则取 0。本书将这两个度量指标作为公司会计信息可比性的替代度量。

分别使用会计信息可比性 CompAcctInd 和 CompAcctD 为主要解释变量重新回归主模型，结果见表 4 - 5。第（1）列以 CompAcctInd 为主要解释变量，第（2）列以 CompAcctD 为主要解释变量，由回归结果可知，会计信息可比性与证券分析师乐观偏差显著负相关。本书研究结论未发生改变。

表 4 - 5　　稳健性检验：变换可比性的度量

变量	(1)		(2)	
	系数	t 值	系数	t 值
CompAcctInd	-0.176	(-2.86)***		
CompAcctD			-0.001	(-3.74)***

续表

变量	(1)		(2)	
	系数	t 值	系数	t 值
Size	0.001	(4.07)***	0.001	(12.94)***
Age	-0.000	(-3.85)***	-0.000	(-8.59)***
Volatility	0.006	(1.98)**	0.000	(0.37)
Horizon	0.004	(26.85)***	0.004	(50.44)***
Follow	-0.005	(-14.69)***	-0.004	(-36.70)***
Cover	-0.000	(-2.20)**	-0.000	(-2.47)**
Inst	-0.005	(-4.50)***	-0.005	(-15.47)***
Constant	-0.021	(-2.84)***	-0.014	(-7.91)***
Industry	YES		YES	
Year	YES		YES	
Cluster by firm	YES		YES	
Observations	101576		101576	
Adj. R^2	0.10		0.09	

注：*** 在 1% 水平显著；** 在 5% 水平显著；* 在 10% 水平显著。

第二，变更数据结构。之前的研究采用的是个人层面的证券分析师乐观偏差，本书还借鉴褚剑等（2019）对公司层面证券分析师乐观偏差的计算公式：

$$Fopt_{j,t} = \frac{Mean(FEPS_{i,j,t}) - EPS_{j,t}}{PRICE_{j,t-1}} \tag{4-3}$$

其中，i 为证券分析师，j 为被证券分析师预测的公司，t 为公司经营年度。FEPS 为当年每个证券分析师最后一次预测的公司每股收益，Mean（FEPS）为当年所有证券分析师最后一次预测公司每股收益的均值，EPS 为公司实际每股收益，PRICE 为公司的年末股价。证券分析师的乐观偏差以公司的真实盈余情况做参照，通过比较第 t 年所有证券分析师对公司 j 每股盈余预测值的均值与公司实际每股盈余值，判断当年所有证券分析师对公司是否存在乐观偏差，当 Fopt 大于零时，则认为证券分析师存在乐观偏差。

主要解释变量除了使用继续使用 CompAcct4 度量会计信息可比性外，还将行业内某个公司对其他所有公司两两组合的可比性中位数 CompAcctInd，和行业内会计信息可比性是否属于较高组的虚拟变量 CompAcctD 作为会计信息可比性的替代度量。

使用会计信息可比性的三个度量指标为主要解释变量再重新回归主模型，结果见表4-6。第（1）列以CompAcct4为主要解释变量，第（2）列以CompAcctInd为主要解释变量，第（3）列以CompAcctD为主要解释变量，由回归结果可知，会计信息可比性与证券分析师乐观偏差显著负相关。本书研究结论未发生改变。

表4-6 稳健性检验：变为公司层面的乐观偏差

变量	(1)		(2)		(3)	
	系数	t值	系数	t值	系数	t值
CompAcct4	-0.340	(-6.13)***				
CompAcctInd			-0.359	(-4.99)***		
CompAcctD					-0.002	(-5.15)***
Size	0.001	(2.79)***	0.000	(1.53)	0.001	(3.51)***
Age	-0.000	(-2.50)**	-0.000	(-3.08)***	-0.000	(-2.33)**
Volatility	0.003	(1.04)	0.003	(1.07)	0.003	(1.02)
Horizon	0.015	(16.03)***	0.015	(16.01)***	0.015	(15.94)***
Follow	-0.004	(-12.10)***	-0.004	(-12.11)***	-0.004	(-12.21)***
Cover	0.000	(0.05)	-0.000	(-0.00)	-0.000	(-0.16)
Inst	-0.004	(-4.05)***	-0.004	(-4.32)***	-0.005	(-4.42)***
Constant	-0.074	(-8.88)***	-0.067	(-7.86)***	-0.073	(-8.67)***
Industry	YES		YES		YES	
Year	YES		YES		YES	
Observations	8513		8513		8513	
Adj. R^2	0.12		0.12		0.12	

注：*** 在1%水平显著；** 在5%水平显著；* 在10%水平显著。

第六节 内生性检验

会计信息可比性与证券分析师乐观偏差的负相关关系可能是内生性问题导致的。可能存在未观测到的，同时对会计信息可比性与证券分析师乐观偏差相关联的因素。为了让结论更可靠，本章采用了工具变量法缓解内生问题对结论的影响。

本章参考江轩宇等（2017）、唐雪松等（2019）的方法，构造了工具变量CompAcctIV，即公司所属行业内其他上市公司的会计信息可比性CompAcct4的平均值，并进行两阶段回归。理论上，行业内的公司之间的会计政策、会计估计的选择和经济业务复杂程度等较为相似，即某一公司的会计信息可比性受到行业内其他公司的会计信息可比性的影响；同时，行业内其他公司的会计信息可比性不会影响证券分析师对该公司的乐观偏差。因此，从逻辑上来说，该工具变量的选取是有效的。

回归结果见表4－7。第（1）列为CompAcctIV作为工具变量第一阶段的回归结果，可以看出CompAcctIV与CompAcct4在1%的水平上显著正相关。弱工具变量检验的统计量为45000，表明CompAcctIV与CompAcct4高度相关。第（2）列是以CompAcctIV为工具变量第二阶段的回归结果，结果表明会计信息可比性与证券分析师乐观偏差在1%水平上显著负相关。采用工具变量法得到的结论与前述一致。

表4－7　内生性检验：工具变量法

变量	(1)		(2)	
	CompAcct4		Fopt	
	系数	t值	系数	t值
CompAcct4			-0.249	(-14.20)***
Size	-0.001	(-62.17)***	0.001	(17.28)***
Age	0	(-12.20)***	0	(-12.78)***
Volatility	-0.001	(-6.01)***	0.006	(6.88)***
Horizon	0	(2.22)**	0.004	(50.74)***
Follow	0	(19.90)***	-0.005	(-39.72)***
Cover	0	-1.57	0	(-2.59)***
Inst	0.002	(21.77)***	-0.004	(-14.06)***
CompAcctIV	0.815	(212.59)***		
Constant	0.024	(52.02)***	-0.014	(-8.23)***
Industry	YES		YES	
Year	YES		YES	
Observations	101576		101576	

续表

变量	(1)		(2)	
	CompAcct4		Fopt	
	系数	t 值	系数	t 值
Adj. R^2	0.54		0.09	
Kleibergen – Paap rk Wald F statistic			45000	

注：*** 在 1% 水平显著；** 在 5% 水平显著；* 在 10% 水平显著。

第七节　进一步研究

一、考虑证券分析师声誉的影响

在研究假设的基础上，本章对会计信息可比性对证券分析师乐观偏差的影响路径进行了进一步分析。证券分析师倾向高估正面信息的收益而低估负面信息的损害（Easterwood and Nutt，1999），受利益约束更不愿意披露公司负面消息（O'Brien et al.，2005）等行为，将因为会计信息可比性的提高而变得更容易被投资者识别，进而对证券分析师的声誉维护产生压力，导致证券分析师减少乐观偏差。因此，本研究可以合理预期，当证券分析师声誉较高时，会计信息可比性与证券分析师乐观偏差的负向关系将会增强。

声誉机制是人们通过第三方的市场感知来反映和监督信息提供者的工作质量的信号传递甄别系统。证券分析师的声誉不仅能够约束证券分析师提高市场资源配置效率，而且给证券分析师本人带来职位晋升和高额薪酬等好处。证券分析师的声誉带来的好处是取得投资者对其披露的信息内容的信任，和对其判断建议的认同（Loh and Stulz，2011），并使证券分析师获取远远超过其同行的薪酬（Hong and Kubik，2003）和更大的职业发展空间（Stickel，1992）。声誉的建立和维护需要长期的积累，监管机构和市场都会对证券分析师的违法或者违反道德的行为作出惩罚，因此，明星证券分析师应该比非明星证券分析师更加在意得之不易的声誉，会付出更多的成本去维护声誉。

更高的会计信息可比性提供了行业内进行比较的基准，通过行业内其他公司信息的佐证，使得投资者更容易对行业内公司投资价值的优劣程度进行相对排序，当证券分析师出具有偏差的研究报告时，将会改变现有公司投资价值顺序，使得证券分析师的研究报告不被投资者所信任，进而质疑证券分析师本人的独立性和专业能力，这必然严重损害了证券分析师的声誉。因此，更高的会计信息可比性提高了投资者对证券分析师乐观倾向的鉴别能力，增加了证券分析师声誉的维护成本。

当证券分析师声誉较高时，更高的会计信息可比性给予证券分析师维护声誉的压力更大，促使其发布更加客观的盈余预测，而证券分析师也因为更看重声誉而认识到发布具有乐观偏差的研究报告的成本相对较高，从而约束自身的预测行为；当证券分析师声誉较低时，更高的会计信息可比性施加的压力不能抵消证券分析师发布乐观倾向的研究报告带来的收益，也就不能起到约束证券分析师高估好消息的行为。研究表明，明星证券分析师会更加注重声誉的长远利益，因此其发布乐观偏差研究报告的收益相对较低（Fang and Yasuda, 2009)。所以，相较于非明星证券分析师，更高的会计信息可比性更能降低明星证券分析师的乐观偏差。

为了检验证券分析师声誉对会计信息可比性与证券分析师乐观偏差之间关系的影响，本书设置了如下交互项模型：

$$Fopt_{i,j,t} = \alpha_0 + \alpha_1 Comparability_{i,t} + \alpha_2 Star + \alpha_3 Comparability_{i,t} \times Star + \alpha_4 Control_{i,t} + \varepsilon_{i,t} \tag{4-4}$$

其中，Star 为是否为明星证券分析师的虚拟变量，当证券分析师为明星证券分析师时取值 1，否则为 0。其他的变量的定义不变，本书预期明星证券分析师在会计信息可比性提高的时候，会降低其盈余预测的乐观偏差，即会计信息可比性与明星证券分析师虚拟变量的交互项 Comparability ×Star 系数α_3应显著为负。

表 4 - 8 报告了证券分析师声誉对会计信息可比性与证券分析师乐观偏差之间关系影响的回归结果。第（1）列的主要解释变量为会计信息可比性与明星证券分析师虚拟变量的交互项 CompAcct4_Star，系数α_3在 10% 的水平上显著为负，第（2）列的主要解释变量为会计信息可比性与明星证券分析师虚拟变量的交互项 CompAcctInd_Star，交互项系数α_3在 5% 的水平上显著为负。表明相对于非明星证券分析师，明星证券分析师更看重个人的声誉，在会计信息可

比性较高时，会减少发布偏乐观的研究报告。研究结果验证了会计信息可比性降低证券分析师乐观偏差的一个途径，即通过对证券分析师看重的声誉施加压力，加大其发布乐观盈余预测的成本，从而降低乐观偏差。

表 4-8　声誉对会计信息可比性与证券分析师乐观偏差关系的影响

变量	(1)		(2)	
	系数	t 值	系数	t 值
CompAcct4	-0.160	(-9.94)***		
CompAcct4_Star	-0.060	(-1.72)*		
CompAcctInd			-0.157	(-7.25)***
CompAcctInd_Star			-0.105	(-2.56)**
Size	0.001	(18.65)***	0.001	(15.18)***
Age	0.000	(-9.72)***	0.000	(-10.81)***
Volatility	0.007	(8.11)***	0.007	(8.10)***
Horizon	0.004	(47.66)***	0.004	(47.61)***
Follow	-0.005	(-38.09)***	-0.005	(-38.50)***
Cover	0.000	(-2.47)**	0.000	(-2.24)**
Inst	-0.004	(-11.66)***	-0.004	(-12.29)***
Star	-0.001	(-1.61)	-0.001	(-2.57)**
Constant	-0.019	(-3.17)***	-0.015	(-2.52)**
Industry	YES		YES	
Year	YES		YES	
Observations	91092		91092	
Adj. R^2	0.09		0.09	

注：*** 在 1% 水平显著；** 在 5% 水平显著；* 在 10% 水平显著。

二、考虑信息透明度的影响

提升会计信息透明度可以让投资者了解公司的真实经营情况，从而对公司管理层行为进行监督。在两权分离的运营模式下，解决委托代理问题的关键就是要降低利益相关者的信息不对称，会计信息透明度不仅改善了投资者的信息环境，提高公司的经营管理效率（张兵等，2009），还减少了内部人占有的私人信息，从而降低外部利益相关者获取信息的成本（Filatotchev and Nakajima,

2014)。信号传递理论认为，外部投资者通过上市公司的信息披露获取公司的相关信息，信息披露质量越高，投资者的决策水平越高。投资者在占有公司真实信息的基础上，能够更加准确地评估公司价值并作出投资决策，从而对管理层的行为形成监督，降低管理层偏离股东利益和意愿的风险（杜兴强和周泽将，2009）。好的信息披露便于外部投资者监督管理层的行为（Mallin，2010）。会计信息透明度越高，股东投资成本越低（汪炜和蒋高峰，2004），融资能力越高（曾颖和陆正飞，2006）。

信息透明度反映了单个公司管理层与投资者之间的信息落差。信息透明度越高，不同利益相关者的信息落差越小，信息传递越公平。而会计信息可比性衡量的是公司之间信息的可比程度，公司的可比性越高，其他可比公司提供的信息越多，证券分析师对私有信息的依赖越低，因此就降低了证券分析师以偏乐观的研究报告交换私有信息的动机。

在信息透明度较低组，更高的会计信息可比性能够更好地提升会计信息质量，证券分析师利用和分析公开信息的成本降低，其在预测时会更多地倚重公开信息，加大对公开信息的分析力度，并减少通过发布偏乐观的研究报告来交换私有信息的方式，最终减少证券分析师乐观偏差；在信息透明度较高组，更高的会计信息可比性对会计信息质量的提升作用有限，证券分析师通过行业专长获取信息的优势降低，在这种情况下证券分析师对公开信息和私有信息的倚重程度没有发生改变。换言之，证券分析师不会因为更高的会计信息可比性而减少对私有信息的搜寻，最终对证券分析师乐观偏差的影响可能并不显著。由此本书预期，在信息透明度较低组，更高的会计信息可比性对信息质量的提升作用更大，更可能降低证券分析师乐观偏差；在信息透明度较高组，更高的会计信息可比性对信息质量的提升作用有限，对证券分析师乐观偏差的影响不明显。

为了检验信息透明度对会计信息可比性与证券分析师乐观偏差关系的影响，本书按信息披露质量将公司分为信息透明度较高组和信息透明度较低组，分组别检验会计信息可比性对证券分析师乐观偏差的影响。

表4－9报告了信息透明度对会计信息可比性与证券分析师乐观偏差关系影响的回归结果。第（1）列是在信息透明度较高组，会计信息可比性对证券分析师乐观偏差的影响，会计信息可比性系数不显著，说明在信息透明度较高

组，会计信息可比性对证券分析师乐观偏差没有显著影响。第（2）列是在信息透明度较低组，会计信息可比性对证券分析师乐观偏差的影响，会计信息可比性的系数在1%的水平上显著为负，这个系数要远远大于主检验中的会计信息可比性的系数。说明在信息透明度较低组，会计信息可比性显著降低了证券分析师的乐观偏差。

表4-9　透明度对会计信息可比性与证券分析师乐观偏差关系的影响

变量	(1)		(2)	
	高透明度组		低透明度组	
	系数	t值	系数	t值
Compacct4	-0.020	(-0.68)	-0.411	(-12.35)***
Size	0.001	(4.03)***	0.003	(15.44)***
Age	-0.000	(-5.54)***	-0.000	(-7.21)***
Volatility	0.006	(3.19)***	0.004	(2.58)***
Horizon	0.003	(25.62)***	0.005	(35.94)***
Follow	-0.002	(-8.59)***	-0.005	(-21.97)***
Cover	-0.000	(-0.04)	-0.000	(-2.59)***
Inst	-0.002	(-3.04)***	-0.004	(-6.82)***
Constant	-0.021	(-5.15)***	-0.058	(-13.55)***
Industry	YES		YES	
Year	YES		YES	
Observations	19065		31783	
Adj. R^2	0.12		0.13	

注：***在1%水平显著；**在5%水平显著；*在10%水平显著。

第八节　本章小结

长久以来，证券分析师在促进资本市场效率方面发挥了重要作用，但由于利益冲突，证券分析师并不能公允、客观的提供他们掌握的信息。一般来说，证券分析师普遍存在系统性的乐观偏差，证券分析师的盈余预测显著大于公司实际业绩（Francis and Philbirck，1993），主要原因是受制于利益冲突而隐藏负面消息（O'Brien et al.，2005），由此导致股价高估，破坏了市场的资源配置效率。那么如何才能降低证券分析师乐观偏差呢？本章以2006～2020年我国A股上市公司样本，实证检验了会计信息可比性对证券分析师乐观偏差的影响。研究结果表明：（1）会计信息可比性能够显著降低证券分析师的乐观偏差。会计信息可比性提供的高质量的信息集一方面让投资者更容易识别证券分析师的乐观倾向，提高证券分析师的声誉成本，抑制证券分析师发布偏乐观研究报告的行为；另一方面让证券分析师获取更多的公开信息，减少其以乐观偏差交换私有信息的需求，从而减少证券分析师乐观偏差。（2）会计信息可比性对明星证券分析师乐观偏差的负向影响更加显著。相对于非明星证券分析师，明星证券分析师更看重个人的声誉，更高的会计信息可比性对证券分析师发布偏乐观研究报告的抑制作用更大。（3）会计信息可比性在信息透明度低的公司中对证券分析师乐观偏差的负向影响更加显著。在信息透明度较低组，会计信息可比性对信息质量的提升作用更大，更可能降低证券分析师乐观偏差；在信息透明度较高组，会计信息可比性对信息质量的提升作用有限，对证券分析师乐观偏差的影响不明显。

本章的研究贡献主要体现在以下几个方面。第一，丰富了会计信息可比性对证券分析师行为影响的文献。之前的文献研究了会计信息可比性对证券分析师跟踪、盈余预测准确性和预测分歧度的影响，仅限于对证券分析师预测水平的影响。而证券分析师乐观偏差的高低会影响资本市场的定价效率，因此探讨会计信息可比性对证券分析师乐观偏差的影响，并进而得到降低乐观偏差损害市场效率的路径，具有重要的研究价值。第二，丰富了证券分析师声誉经济后果的研究。之前的文献研究了更高声誉的证券分析师具有更多的私有信息渠道、高的预测水平以及更高的市场反应。而更高的会计信息可比性带来了更高质量的公开信息，导致其他信息使用者更容易识别证券分析师研究报告的乐观倾向，证券分析师担心其乐观倾向被识别降低其市场影响力，由此声誉成为抑制其自利行为的约束力量。声誉对证券分析师自利行为的约束具有一定创新性。第三，用信息成本的视角研究了证券分析师乐观偏差的影响因素。以往文献大多从利益角度考察对证券分析师乐观偏差的影响，而证券分析师在盈余预测时会动态调整其利用的公开信息和私有信息的比重，更高的会计信息可比性提升了公开信息的质量，降低了信息分析成本，由于获取私有信息要付出成本，因此证券分析师权衡收益成本后，会更多地依赖公开信息，减少对私有信息的需求。从信息成本的角度来分析可比性对证券分析师乐观偏差的影响，为证券分析师乐观偏差影响因素的研究提供了新的思路。

第五章　会计信息可比性对证券分析师调研的影响

第一节　引　　言

证券分析师在资本市场利用其会计信息使用者和提供者的双重角色发挥着信息中介的作用（shcipper，1991；蔡祥等，2003）。证券分析师运用专业能力对公开信息进行解读和分析，同时还要通过实地调研、电话会议以及与管理层的私人会面等方式获取私有信息。有效资本市场假说认为，当市场中所有公开信息都能被正确地反映到股价中，证券分析师只有获取私有信息才能为市场提供增量信息。相对于电话会议、投资者见面会以及私人会见等方式，实地调研具有不同于其他通过管理层接触获取信息的渠道的特点。一是眼见为实，二是时间自主。由此可以说，实地调研是证券分析师最直接有效的私有信息获取途径。然而现有针对实地调研的研究并不多，对于实地调研影响因素的研究就更少。

证券分析师实地调研的决策与证券分析师跟踪的决策有相似之处。对于证券分析师跟踪影响因素的研究较多，包括公司规模、盈利能力和不确定性（Bhushan，1989；林小驰等，2007；王宇超等，2012）等公司财务指标，以及股权结构、业务结构（马忠和吴翔宇，2007；高明华等，2010；王宇超等，2012）等公司治理指标。从总体研究框架来说，跟踪一家公司的证券分析师数量是证券分析师成本和收益的函数（Bhushan，1989；Lang and Lundholm，1996）。证券分析师要考虑信息分析成本和投资者对证券分析师的跟踪需求，当证券分析师从公司跟踪获取的收益大于其付出的信息成本，或者证券分析师信息分析成本的降低大于跟踪需求减少可能带来的更低效益，证券分析师都会加大对公司的关注。而证券分析师实地调研的分析思路与证券分析师跟踪相似，当投资者对公司的信息需求增大，而可以利用的公开信息难以通过分析满足需求时，证券分析师更可能实施对公司的实地调研。

按照这个思路，本章将从三个角度考察会计信息可比性对实地调研的影响。一是证伪需求：信息披露会促使人们在信仰上产生更大的分歧（Harris and Raviv，1993；Kandel and Pearson，1995）。由于公司披露的信息不可避免地受到管理层意图的影响，在更高可比性的公司提供其他公司信息进行佐证时会加大对预期的分歧，产生出更多的证伪需求，即更好的披露与更多的私人信息生产相关（Kim and Verrecchia，1994），因此证券分析师需要更多的私有信息来佐证；二是价值需求：更高可比性将为所有的信息使用者带来福利，从而降低证券分析师与其他信息使用者之间的信息不对称，导致证券分析师更有动机获取更多的私有信息来形成比较优势，强化其资本市场信息中介的地位。三是信息需求：高可比性提升了证券分析师可利用的公开信息质量，降低了证券分析师对信息的处理成本，使得证券分析师更多地倚重公开信息，而减少对私有信息的需求。据此难以确定会计信息可比性与证券分析师实地调研之间的关系。

本章以 2006～2020 年我国 A 股上市公司为样本，实证检验会计信息可比性与证券分析师实地调研之间的关系。研究结果表明：（1）会计信息可比性能够显著提高证券分析师实地调研的频率和概率。会计信息可比性越高，行业内公司之间信息的流动对信息质量的提升越高，一方面增加了证券分析师对不一致信息的证伪需求；另一方面降低了证券分析师相对其他信息使用者在占有信息方面的比较优势，驱使证券分析师通过实地调研获取更多的私有信息来提升自身价值。（2）会计信息可比性会强化机构投资者对证券分析师的信息需求。当机构投资者持股比例较高时，更高的会计信息可比性对证券分析师保持信息比较优势的压力越大，促使证券分析师加大对机构重仓股的实地调研；当机构投资者持股比例较低时，更高的会计信息可比性没有对证券分析师保持信息比较优势形成压力，因而对其通过实地调研获取私有信息的影响则相对较弱。（3）会计信息可比性增加了管理层持股比例较高公司发布信息的证伪需求。出于利益的考虑，管理层持股越多，越有可能粉饰业绩，更高的会计信息可比性使得管理层的盈余管理行为更容易被发现，为了验证公开信息的可靠性，证券分析师会加大实地调研的频率；而在管理层持股比例较低的公司，管理层的盈余管理行为相对较少，更高的会计信息可比性对证券分析师实地调研的影响较小。

本章的研究贡献主要体现在以下几个方面。第一，丰富了会计信息可比性对证券分析师实地调研影响的文献。之前的文献从财务指标和公司治理角度对证券分析师实地调研的影响因素进行了研究，会计信息可比性对证券分析师跟踪、盈余预测准确性和预测分歧度的影响，却没有研究对其发挥信息中介有负面影响的乐观偏差的影响。第二，全面考察会计信息可比性对信息使用者的差异影响。会计信息可比性能够提升所有信息使用者可供利用的信息集质量和投资决策水平，从而降低证券分析师和其他信息使用者之间的信息不对称，驱使证券分析师为了自身的市场价值而加大市场调研。第三，为公开信息与私有信息之间的互补效应提供了新的证据。更高的会计信息可比性为公司的财务信息提供了比较基准，在数据之间得不到印证的情况下会产生更多的信息证伪需求，证券分析师为证实信息的真实性会加大对公司的实地调研。因此，更多的公开信息不是减少对私有信息的需求，而是增加了对私有信息的需求，公开信息与私有信息之间存在互补关系。

第二节　理论分析与假设研究

证券分析师的工作职责是凭借专业知识技能和强大的信息搜集优势，遵循成本效率原则最大化地利用其所占有的信息，在此基础上对公司的各种信息进行加工和解读，并向投资者提供投资建议，促进信息融入股价的效率。换言之，证券分析师发挥作用的关键，一方面来自证券分析师自身的专业能力，另一方面来自证券分析师的信息优势。假定证券分析师的专业分析能力不变，证券分析师占有的决策有用信息的多少决定了证券分析师预测水平的高低。证券分析师通过公司的定期和临时公告、媒体报道、与管理层直接接触等方式获取公司信息，为投资者提供决策支持（Bowen et al.，2002）。证券分析师获取的信息合集可分为公开信息和私有信息（Barron et al.，1998；朱红军等，2008）。公开信息主要是上市公司、监管机构和新闻媒体等在公开渠道公开披露的信息，是所有证券分析师都知道的关于公司、行业以及宏观层面的信息，获取成本相对较低；私有信息是证券分析师主动通过实地调研公司、私下沟通管理层等方式获取的私人信息，以及通过个人专业知识和分析判断能力得到的关于公司的异质信息，是证券分析师个体特有的信息，获取成本相对较高。证券分析师在盈余预测时需要的信息总量是大致不变的，变动的是对这两类信息的倚重程度。

私有信息是一把双刃剑，其能提升证券分析师研究报告的信息含量，也需要证券分析师付出一定的成本。因此，需要在证券分析师根据自身所处的环境（获取动机）和占有的资源（获取能力）的基础上权衡利弊，来决定是否要获取私有信息以及以何种方式获取私有信息。大量证券分析师为了获取被跟踪公司的第一手信息，在实地调研，电话会议、投资者见面会或私人会见等与管理层直接沟通的渠道上付出了大量的精力和时间。为了获取与管理层私下沟通的机会，证券分析师甚至会放弃自身的独立性来交换管理层掌握的私有信息，而这些私有信息同时又会给证券分析师带来压力，导致证券分析师对特定公司的预测乐观偏差更大（Francis and Philbirick，1993；Lim，2001）；但占有私有信息也能获得回报。私有信息能够对公开信息的不足进行有效补充，增加信息的相关性，还能进一步去伪存真，增加信息的可靠性，提高决策的信息含量（Agarwal and Hauswald，2010）。证券分析师通过参加上市公司交流会，获取了及时准确的公司信息，因而能够提高盈余预测的准确度（Green et al.，2014）。因此，证券分析师在获取私有信息的时候要考虑私有信息的获取成本和收益，如果私有信息的收益大于成本，证券分析师便会积极地获取私有信息，证券分析师在边际收益等于边际成本的时候达到私有信息最佳获取规模。因此，只要收益可观，证券分析师愿意付出精力和时间等成本，甚至放弃独立性去获取私有信息。证券分析师十分重视私有信息的价值，而我国的证券分析师更加依赖私有信息。Rogers and Grant（1997）发现，证券分析师研究报告的信息来源有一半来自私下沟通。而在中国，虽然公开信息披露制度在不断规范，但仍然存在披露不完整、不及时、不准确等问题，而且公司管理层调整业绩，甚至造假的行为也是屡禁不止，会计信息质量整体水平偏低，证券分析师能够获取的公开信息的数量和质量偏低，因此相比完善的资本市场，我国证券分析师对私有信息的依赖程度更高（郭杰和洪洁瑛，2009）。

证券分析师可以在对公司的实地调研中通过观察和提问等方式获取关于公司的私有信息。Lang and Lundholm（1996）发现，就证券分析师获取信息的渠道而言，直接与公司接触获取的信息是证券分析师最重要的来源。Lee (1981) 在对证券分析师的调查中发现，证券分析师最重要的信息来源是与公司管理层会见，由此获取信息的重要程度超过公司公开的财务报告等。也有研究认为，与管理层的直接沟通能够获取决策相关的增量信息，降低信息不对称 (Roberts et al.，2006)。证券分析师与管理层的直接接触方式主要有实地调研、电话会议、投资者见面会以及私人沟通等方式。实地调研是指证券分析师到上市公司现场参观，与管理层直接见面交流，并获取公司信息的重要形式，其具有不同于其他与管理层直接接触方式的特点。首先，实地调研通过现场观察公司生产经营和内部管理等状况，以及与管理层面对面的交流，形成对公司经营现状和管理层风格的直观感受，由此得到其他途径无法获取的独特私有信息；其次，实地调研对信息披露的约束相对较少，证券分析师能够就自己所感兴趣或者有疑问的经营细节或财务数据对管理层进行提问和追问，而管理层也能在这种非标准化回答中展现更多具有个人风格的信息和观点，从而让证券分析师获取更多有价值的信息；最后，机构每年持续对感兴趣的公司进行实地调研，实地调研的时间分布在全年的各个月份，因此证券分析师能够以较高的频率获取公司的私有信息，及时地掌握公司的最新动态。

由于美国上市公司不公开披露机构投资者的调研信息 (Brown et al.，2015)，因此国外对这一领域的研究主要集中在披露较为充分的电话会议方面。近年来，我国证券市场加大对信息披露行为的规范，尤其是深交所在信息披露制度方面做得更为完善，2006 年深圳证券交易所发布《上市公司公平信息披露指引》，要求上市公司向监管部门报送上市公司组织的投资者关系活动的相关记录，如业绩说明会、机构实地调研等。2012 年深圳证券交易所发布《信息披露业务备忘录第 41 号——投资者关系管理及其信息披露》，要求上市公司将投资者关系活动的相关情况和附件实时发布于互动易的“投资者关系”栏目中。这种对投资者关系活动的强制披露要求为证券分析师实地调研的研究提供了经验数据。就对证券分析师行为的影响而言，有的研究认为证券分析师调研加大了证券分析师乐观偏差，加剧了信息不对称程度，同时也因为获取了私有信息，提高了对低信息透明度公司的预测水平（谭松涛和崔小勇，2015）；也有研究认为证券分析师调研降低了股价同步性，增加了公司非公开的异质性信息，缓解了信息不对称程度（曹新伟，2015）。总之，文献都支持实地调研能够帮助证券分析师获取更多的私有信息，提升证券分析师的预测水平。实地调研需要证券分析师投入较多的时间和精力，证券分析师需要权衡成本收益来决策是否实地调研，去哪家公司实地调研等。现有研究对证券分析师跟踪行为的影响因素进行了大量的讨论（Lang and Lundholm，1996；Lang et al.，2004；Ramnath et al.，2008；岳衡和林小驰，2007；蔡卫星和曾诚，2010；徐欣和唐清泉，2010）。但对实地调研影响因素的研究却较少。我们可以采用与证券分析师跟踪行为类似的框架来探究证券分析师实地调研的影响因素。

会计信息在行业内的相互比较和高效传递，向市场供给了更多高质量信息，改变了证券分析师现有的用于预测的信息集合，导致证券分析师需要重新分配其信息渠道的利用比重，达到预测效率最大化。会计信息可比性是会计信息的一个重要属性，能帮助投资者识别和理解经济事项之间的相似性和差异性。会计信息可比性的这种作用对证券分析师获取私有信息的需求有两方面的机制：一是证伪需求。信息披露会促使人们在信仰上产生更大的分歧（Harris and Raviv，1993；Kandel and Pearson，1995）。由于管理层存在业绩操纵动机，所以公司财务报告披露的公司信息与公司真实的经营情况不可避免地存在差异，证券分析师不能确定其掌握的公开信息的可靠性程度。更高的会计信息可比性为证券分析师提供了行业内可供参照的基准，可比公司的额外信息对公司公开披露的信息形成有效的补充和佐证。在与基准公司的比较中，证券分析师能够对被跟踪公司的真实信息进一步确认，而对不合理的信息提出质疑，对公司的信息披露去伪存真。由此，证券分析师在对公司披露信息的比较中确认了公开信息的一致部分，与此同时，证券分析师也加大了对尚未得到证实信息的质疑，并增加了对这部分尚未证实信息部分的证伪需求。即更好的披露与更多的私人信息生产相关（Kim and Verrecchia，1994），在这种证伪需求在公开信息不能得到解决的时候，只能求助于私有信息进行佐证。二是价值需求。证券分析师在资本市场的角色既是信息的解读者，也是信息的提供者。如果将证券分析师作为信息的提供者，财务报告提供的信息与证券分析师研究报告提供的信息都是信息使用者的信息来源，这是两种存在竞争关系的信息源。当高可比公司为被比较公司提供更多信息时，被比较公司的财务报告信息含量相对增加，证券分析师为了提高研究报告的信息含量，会加大对私有信息的搜寻力度，更频繁的进行实地调研。更高的会计信息可比性提高了所有信息使用者的信息利用效率，这是因为更高的会计信息可比性降低了比较不同公司财务指标所应具备的专业知识门槛，使得其他信息使用者在不具备证券分析师行业专长的情况下也能够对公司进行比较和分析，因而降低公开信息的加工处理成本，减少信息使用者分析信息所付出的努力。会计信息可比性越高，信息使用者在利用公司信息过程中需要的计算和调整就越少，使得其他信息使用者也能直接比较公司的财务报告，更好地了解公司的经营状况，更好地理解隐藏在财务报告背后的经济实质，更有效地分析财务指标异常或变动的原因（江轩宇等，2017）。由此会计信息可比性的提高降低了证券分析师占有信息的比较优势，导致证券分析师更有动机通过其他方式提升研究报告的信息含量，如付出成本获取私有信息等。促进实地调研的机制如图 5－1 所示。

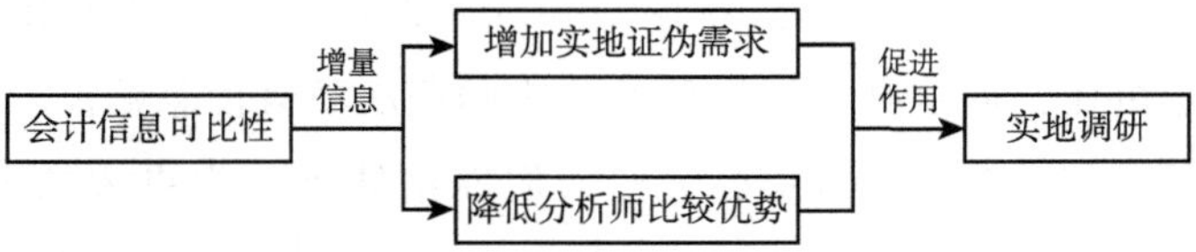

图 5－1　促进实地调研的机制

据此，本章认为，当会计信息可比性提高时，证券分析师需要对市场中公司自己发布的信息与行业传递的不一致信息进行证伪；还可能因为公开信息的数量和质量的提升，而丧失其相对其他信息使用者占有信息的比较优势，更有动机去搜寻私有信息来维持自己的市场中介地位，进而增加对公司的实地调研。

假设 5－1：证券分析师会增加对会计信息可比性较高公司的实地调研。

第三节　研究设计

一、研究样本

目前只有深交所强制要求上市公司披露投资者关系活动情况，上交所并未对公开披露做出强制性规定。2013 年，深交所要求上市公司严格执行《信息披露业务备忘录第 41 号——投资者关系管理及其信息披露》的规定，确保普通投资者与机构投资者获得公平的信息披露。规定要求上市公司要在投资者关系活动结束后2个交易日内将活动开展情况填报《投资者关系活动记录表》，并将此表与相关附件及时通过深交所互动易网站向投资者公开。《投资者关系活动记录表》中包括了活动类别、参与单位名称及人员姓名、时间、地点、上市公司接待人员、投资者关系活动的主要信息等。

基于此，本章选取2006~2020年深交所A股上市公司作为研究对象。公司经营及治理相关数据来自CSMAR，会计信息可比性通过CSMAR中的会计盈余和市场回报的数据计算得到。选择2006年作为研究开始期间的原因是，A股上市公司自2002年起才被强制要求披露公司季报，由于计算会计信息可比性需要采用连续16个季度的财务和市场数据，2006年为最早能计算的可比性指标的年度。

本书对初始样本做了如下处理：（1）删除证券分析师盈余预测数据缺失的样本；（2）删除非证券公司调研样本；（3）因计算会计信息可比性指标的计算需要完整的16个季度的财务数据，所以删除不合要求的样本；（4）删除控制变量缺失的样本。目前在上市公司中仅深交所要求披露实地调研信息，而且证券分析师调研也是近几年才开始初具规模，因此数据量并不大。通过以上处理，本书最终得到8695个样本。为了控制异常值的影响，全部连续变量按照1%的水平进行了双向缩尾处理。

二、变量定义

（一）被解释变量

本章的解释变量主要是用来度量证券分析师对上市公司实地调研行为。现有研究主要采取以下三种指标度量证券分析师调研Investigate：一是当年上市公司被证券公司实地调研次数（程小可等，2017），并进行对数化处理；二是当年上市公司被证券公司调研的家数，并进行对数化处理；三是当年上市公司是否被证券分析师实地调研指标（cheng et al.，2017），如果当年上市公司被证券分析师实地调研，则取值为1，否则为0。

（二）解释变量

本书的解释变量是会计信息的可比性。采用De Franco et al.（2011）对会计信息可比性的测度方法，对中国上市公司的可比性进行计算和分析。在这里本书采用了两种衡量方式，一种是取行业内某个公司对其他所有公司组合的可比性的排名前 4 的均值 CompAcct4，另一种是取行业内某个公司对其他所有公司组合的可比性中位数 CompAcctInd。

（三）控制变量

本章参照以往文献研究，对可能影响证券分析师实地调研的因素进行了控制，具体包括如下变量：公司规模 Size；资产负债率 Lev；总资产收益率 Roa；营业收入增长率 Growth；公司是否亏损 Loss；公司收入波动性 Volatility；公司上市时长 Age；第一大股东持股比例 Largest；公司被跟踪的证券分析师数量 Follow。

主要变量的详细定义见表 5－1。

表 5－1　　主要变量的详细定义

变量名	定义	计算方法
Investigate1	证券分析师调研	t 年度公司被证券公司调研的次数的对数值
Investigate2	证券分析师调研	t 年度公司被证券公司调研的家数的对数值
Investigate3	证券分析师调研	t 年度公司是否被证券公司调研
CompAcct4	会计信息可比性 1	与行业内其他公司组合可比性（基于 De Franco 模型计算）排名前 4 的均值
CompAcctInd	会计信息可比性 2	与行业内其他公司组合可比性（基于 De Franco 模型计算）的中位数
Size	公司规模	公司 t 年末的总资产对数值
Lev	资产负债率	期末总负债除以总资产的对数值
Roa	总资产收益率	净利润除以资产的平均余额
Growth	成长性	营业收入增长率
Follow	证券分析师关注度	在 t 期对目标公司进行盈余预测的证券分析师数量的对数值
Largest	第一大股东持股比	第一大股东持股数占总股份的比例
Loss	是否亏损	净利润小于 0 则取值 1，否则取值 0
Age	公司年龄	分析报告公告年度距离公司上市年度的年数的对数值
Volatility	收入波动性	公司 t 期前 3 年营业收入与总资产比值的标准差

三、实证模型

本章采用如下模型观察会计信息可比性对证券分析师调研行为的影响：

$$Investigate_{i,t} = \alpha_0 + \alpha_1 Comparability_{i,t} + \alpha_2 Control_{i,t} + \varepsilon_{i,t} \quad (5-1)$$

其中，Investigate 为证券分析师实地调研，主检验部分采用 t 年度公司被证券公司调研次数；Comparability 为本章的主要解释变量，表示会计信息可比性，衡量公司的会计系统的相似度；Control 为控制变量，相关变量定义参见表 5 - 1。如果假设 1 成立，会计信息可比性能够增加证券分析师的实地调研，那么预期系数α_1应该显著为正。

第四节 实证分析

一、描述性统计分析

本章给出主要变量的描述性统计。从表 5 - 2 的描述性统计中看出，Investigate3 的均值为 0.57。这说明每年有将近 6 成的公司被证券分析师实地调研，证券分析师在实地调研方面花费了大量的精力和时间，但限于成本的约束，证券分析师只能有选择性地对上市公司开展调研，不能完全覆盖所有的公司。

表 5 - 2 主要变量的描述性统计

变量名	观测数	均值	标准差	最大值	中位数	最小值
Investigate1	8695	0.926	0.954	3.135	0.693	0
Investigate2	8695	1.234	1.274	4.127	1.099	0
Investigate3	8695	0.573	0.495	1	1	0
CompAcct4	8695	-0.013	0.009	-0.002	-0.011	-0.055
Size	8695	21.98	1.191	25.52	21.88	19.23
Lev	8695	0.37	0.147	0.733	0.378	0.059
Roa	8695	3.39	6.757	22.25	3.24	-26.79
Growth	8695	0.155	0.352	1.938	0.108	-0.607

续表

变量名	观测数	均值	标准差	最大值	中位数	最小值
Follow	8695	1.435	1.164	3.738	1.386	0
Largest	8695	0.333	0.144	0.714	0.303	0.091
Loss	8695	0.117	0.321	1	0	0
Age	8695	2.339	0.46	3.219	2.303	1.609
Volatility	8695	0.097	0.101	0.638	0.068	0.005

二、单变量分析

在回归分析前，先对被解释变量进行单变量分析，以检验证券分析师实地调研在不同程度的会计信息可比性下是否存在显著差异。表5-3报告了单变量分析结果。在Panel A中，按照会计信息可比性CompAcct4的中位数分为两组，在CompAcct4大于中位数的组中，会计信息可比性更高，反之会计信息可比性更低。T-检验的结果显示，Investigate1的均值在列（1）中比在列（2）中更大，且差异在1%的水平显著，说明公司的会计信息可比性越高，证券分析师实地调研的力度越大。Panel B中的全样本按照ComAcctInd的中位数分为两组，大于中位数的组意味着会计信息可比性更高。T-检验的结果同样显示，Investigate1的均值在列（1）中比在列（2）中显著更大，说明更高的会计信息可比性加大了证券分析师实地调研的频率。上述结果均支持本章的假设5-1。

表5-3　　单变量分析结果

	（1）Higher	（2）Lower	（1）-（2）	T-Value
Panel A：按ComAcct4分组				
Investigate1	1.070	0.781	0.290	(14.33)***
Panel B：按ComAcctInd分组				
Investigate1	1.089	0.758	0.331	(16.43)***

三、回归分析

表5-4报告了会计信息可比性对证券分析师实地调研影响的回归结果。

第（1）列是在没有加入控制变量的情况下证券分析师实地调研次数 Investigate 对会计信息可比性 ComAcct4 的回归结果，第（2）列是在加入控制变量后证券分析师实地调研次数 Investigate 对会计信息可比性 ComAcct4 的回归结果，两个模型中解释变量 CompAcct4 的系数都在 1% 的水平上显著为正。这说明会计信息可比性越高，证券分析师越可能会对公司进行实地调研，也就是说在会计信息可比性高的公司，行业内公司之间信息的流动一方面增加了证券分析师对不一致信息的证伪需求，另一方面也增加了证券分析师维持信息比较优势的价值需求，驱使其通过实地调研获取更多的私有信息来提升预测水平，由此本章的研究假设 5 - 1 得以证明。从经济意义上讲，CompAcct4 中一个标准差的变化增加证券分析师实地调研约 0.036（=0.009 ×3.612），这表示增加样本中公司的实地调研平均约 6%。

其他控制变量来看，公司规模越大、收入增长越快、证券分析师关注度越高，证券分析师实地调研的次数越多。而资产负债率越高、总资产收益率越高、业务亏损、收入波动性越大，证券分析师实地调研的次数越少。

表 5 - 4　　会计信息可比性与证券分析师实地调研

变量	(1)		(2)	
	系数	t 值	系数	t 值
CompAcct4	12.484	(11.56)***	3.612	(2.44)**
Size			0.078	(4.29)***
Lev			-0.191	(-1.77)*
Roa			-0.008	(-2.95)***
Growth			0.045	(1.88)*
Follow			0.403	(29.87)***
Largest			-0.005	(-0.05)
Loss			-0.145	(-3.96)***
Age			-0.001	(-0.04)
Volatility			-0.166	(-1.54)
Constant			-1.774	(-4.55)***
Industry	YES		YES	
Year	YES		YES	

续表

变量	(1)		(2)	
	系数	t 值	系数	t 值
Cluster by firm	YES		YES	
Observations	8592		8520	
Adj. R^2	0.16		0.40	

注：*** 在 1% 水平显著；** 在 5% 水平显著；* 在 10% 水平显著。

第五节　稳健性检验

本书进行了以下几个方面的稳健性检验以保证结果的可靠性。检验结果显示，本章的结论是较为稳健和可靠的。

第一，变更证券分析师实地调研的衡量方式。之前的研究采用当年上市公司被证券公司实地调研次数 Investigate1 来衡量。本书还采用当年上市公司被证券公司实地调研的家数 Investigate2，以及当年上市公司是否被证券分析师实地调研 Investigate3 作为证券分析师实地调研的替代度量。

使用证券分析师的替代度量 Investigate2、Investigate3 为因变量重新回归主模型，结果见表 5－5。第（1）列的因变量为 Investigate2，第（2）列的因变量为 Investigate3。由回归结果可知，会计信息可比性加大了证券分析师实地调研频率，增加了证券分析师实地调研的概率。本书研究结论未发生改变。

表 5－5　　稳健性检验：变换实地调研的度量

变量	(1)		(2)	
	系数	t 值	系数	t 值
CompAcct4	4.798	(3.64)***	2.711	(4.62)***
Size	0.079	(5.76)***	0.045	(7.96)***
Lev	－0.176	(－1.96)**	－0.094	(－2.31)**
Roa	－0.009	(－3.59)***	－0.004	(－4.22)***
Growth	0.104	(3.38)***	0.027	(2.07)**
Follow	0.589	(48.26)***	0.150	(28.46)***

续表

变量	(1)		(2)	
	系数	t 值	系数	t 值
Largest	-0.078	(-1.04)	-0.002	(-0.07)
Loss	-0.143	(-3.65)***	-0.100	(-5.27)***
Age	-0.053	(-1.90)*	-0.045	(-3.71)***
Volatility	-0.090	(-0.85)	-0.062	(-1.36)
Constant	-1.865	(-6.64)***	-0.855	(-7.44)***
Industry	YES		YES	
Year	YES		YES	
Cluster by firm	YES		YES	
Observations	8520		8520	
Adj. R^2	0.46		0.35	

注：*** 在 1% 水平显著；** 在 5% 水平显著；* 在 10% 水平显著。

第二，变更会计信息可比性的衡量方式。之前的研究采用行业内某个公司对其他所有公司组合的可比性的排名前 4 的均值 CompAcct4 作为该公司的会计信息可比性度量，本书还采用行业内某个公司对其他所有公司组合的可比性中位数 CompAcctInd 作为该公司会计信息可比性的替代度量。

使用会计信息可比性 CompAcctInd 为主要解释变量重新回归主模型，结果见表 5-6。第（1）列的因变量为 Investigate2，第（2）列的因变量为 Investigate3。由回归结果可知，会计信息可比性加大了证券分析师实地调研频率，增加了证券分析师实地调研的可能性。本书研究结论未发生改变。

表 5-6　　稳健性检验：变换可比性的度量

变量	(1)		(2)	
	系数	t 值	系数	t 值
CompAcctInd	7.373	(4.46)***	4.119	(5.45)***
Size	0.083	(6.11)***	0.047	(8.40)***
Lev	-0.155	(-1.71)*	-0.083	(-2.01)**
Roa	-0.009	(-3.65)***	-0.004	(-4.30)***
Growth	0.099	(3.20)***	0.024	(1.84)*
Follow	0.589	(48.27)***	0.150	(28.49)***

续表

变量	(1)		(2)	
	系数	t 值	系数	t 值
Largest	-0.083	(-1.10)	-0.005	(-0.15)
Loss	-0.131	(-3.33)***	-0.093	(-4.88)***
Age	-0.045	(-1.62)	-0.040	(-3.35)***
Volatility	-0.080	(-0.75)	-0.057	(-1.24)
Constant	-1.939	(-6.95)***	-0.897	(-7.86)***
Industry	YES		YES	
Year	YES		YES	
Cluster by firm	YES		YES	
Observations	8520		8520	
Adj. R^2	0.46		0.35	

注：*** 在 1% 水平显著；** 在 5% 水平显著；* 在 10% 水平显著。

第六节　内生性检验

会计信息可比性与证券分析师实地调研的正相关关系可能是内生性问题导致的。可能存在未观测到的，同时对会计信息可比性与证券分析师实地调研相关联的因素。为了让结论更可靠，本章采用了工具变量法来缓解内生问题对结论的影响。

本章参考江轩宇等（2017）、唐雪松等（2019）的方法，构造了工具变量 CompAcctIV，即公司所属行业内其他上市公司的会计信息可比性 CompAcct4 的平均值，并进行两阶段回归。理论上，行业内的公司之间的会计政策、会计估计的选择和经济业务复杂程度等较为相似，即某一公司的会计信息可比性受到行业内其他公司的会计信息可比性的影响；同时，行业内其他公司的会计信息可比性不会影响证券分析师对该公司的实地调研。因此，从逻辑上来说，该工具变量的选取是有效的。

回归结果见表 5-7。第（1）列为 CompAcctIV 作为工具变量第一阶段的回归结果，可以看出 CompAcctIV 与 CompAcct4 在 1% 的水平上显著正相关。弱工具变量检验的统计量为 4761，表明 CompAcctIV 与 CompAcct4 高度相关。第（2）列是以 CompAcctIV 为工具变量第二阶段的回归结果，结果表明会计信息可比性与证券分析师实地调研在1%水平上显著正相关。采用工具变量法得到的结论与前述一致。

表5-7　　内生性检验：工具变量法

变量	(1)		(2)	
	CompAcct4		Investigate1	
	系数	t值	系数	t值
CompAcct4			4.180	(2.71)***
Size	0.000	(2.08)**	0.078	(7.16)***
Lev	-0.006	(-8.42)***	-0.187	(-2.63)***
Roa	0.000	(6.05)***	-0.008	(-4.10)***
Growth	-0.000	(-0.66)	0.045	(1.90)*
Follow	-0.000	(-0.39)	0.403	(42.69)***
Largest	0.002	(4.96)***	-0.006	(-0.11)
Loss	-0.003	(-10.84)***	-0.143	(-4.57)***
Age	-0.001	(-5.79)***	-0.001	(-0.04)
Volatility	-0.004	(-4.56)***	-0.164	(-1.96)**
CompAcctIV	0.927	(69.00)***		
Constant	-0.000	(-0.20)	-1.765	(-7.83)***
Industry	YES		YES	
Year	YES		YES	
Observations	8520		8520	
Adj. R^2	0.63		0.4	
Kleibergen-Paap rk Wald F statistic			4761	

注：*** 在1%水平显著；** 在5%水平显著；* 在10%水平显著。

第七节　进一步研究

一、考虑机构投资者的影响

在研究假设的基础上，本章进一步分析了会计信息可比性对证券分析师实地调研的影响。机构投资者由于动用的资金规模较大，因此在投资时需要比普通投资者更多的信息来决策，以减少资金风险。会计信息可比性提高了公开信息的质量，进而减少了机构投资者占有信息的比较优势，证券分析师作为机构投资者的“卖方”，会更加积极地获取私有信息以迎合机构投资者的信息需求。因此，本书可以合理预期，当机构投资者持股比例较高时，会计信息可比性将增加证券分析师通过实地调研获取私有信息的频率。

证券分析师被称为是机构投资者的证券分析师，这是因为机构投资者不仅是证券分析师的衣食父母，更是证券分析师职业发展的贵人。一方面，我国证券交易所实行的是会员制，机构投资者作为非会员单位必须向作为会员单位的证券公司租赁交易席位才能交易，机构投资者根据交易量向证券公司研究部门支付交易佣金。因此，机构投资者的分仓成为证券分析师绩效考核的重要指标。证券分析师的研究报告成为获取经纪业务的工具，机构投资者的持仓越重，证券分析师跟踪重仓股的频率越高（Mola and Guidolin，2009）；另一方面，机构投资者掌握着证券分析师职业发展的投票权，《新财富》最佳证券分析师评选活动的明星证券分析师就是机构投资者投票的结果，明星证券分析师的荣誉会迅速提高证券分析师的行业知名度、社会影响力、薪酬水平（Stickel，1992）。

对于证券分析师而言，获取机构投资者的认可能够名利双收。但怎样才能取得机构投资的信任，具体说来有两种方式：一种方式是对机构投资者的重仓股发布偏乐观的研究报告取悦机构投资者（Gu et al.，2012；Gu et al.，2013）。为了建立和维持与机构投资者的良好关系，证券分析师会对机构投资者持仓的股票表现出乐观的态度，为机构投资者重仓的股票“站台”，证券分析师发布的负面信息会造成机构投资者的严重损失，从而让机构投资者减少在该证券公司的交易，更不会把最佳选票投给发布负面信息的证券分析师。中国证据表明，证券分析师会为其所在证券公司交易的机构投资者持有的股票发布更为乐观的评级（Firth et al.，2011）。这样机构投资者持股的比例越高，机构投资者的数量越多，证券分析师感受的压力越大，更可能放弃自己的独立性。另一种方式是为机构投资者提供更具信息含量的研究报告，提高其决策收益。机构投资者在做决策时，也希望证券分析师提供有价值的信息，而不是一味的“吹捧”。机构投资者在使用证券分析师报告时，不是直接采用证券分析师的投资建议，而是着重了解报告的研究假设和推理过程（Gu et al.，2012），因此，证券分析师提供有信息含量的研究报告才能真正满足机构投资者的投资需求。机构投资者的投资规模越大，对真正有信息含量的需求越大，越需要证券分析师去搜寻公开信息之外的私有信息。

综上所述，证券分析师要为机构投资者提供真正有价值的研究报告才能提高收入和加快职业发展。要想加大研究报告的信息含量，一方面要提高对公开信息的分析、解读能力（信息解释）；另一方面要加大对私有信息的搜寻（信息挖掘）。研究表明，信息挖掘在提高研究报告信息含量方面占主要地位（Chen et al.，2010）。证券分析师实地调研作为一种获取私有信息的方式，能够实地考察公司的公办楼、厂房、仓库等，还能获得直接与高管面对面交流的机会，是搜集私有信息的最佳途径（胡奕明和林文熊，2005）。因此，为了更好地为机构投资者服务，提供有信息含量的研究报告，证券分析师会加大机构投资者持仓股票的实地调研。

在主检验中，更高的会计信息可比性提高了公开信息的数量和质量，降低了证券分析师相对其他投资者的信息比较优势，促使证券分析师搜寻更多有价值的私有信息来提升研究报告的信息含量，提高盈余预测水平。本章预期机构投资者进一步加大了证券分析师搜寻私有信息的压力，当机构投资者持股比例较高时，更高会计信息可比性给予证券分析师保持信息相对优势的压力更大，使其进一步加大对私有信息的搜寻，更频繁的对机构重仓股开展实地调研；当机构投资者持股比例较低时，机构投资者对证券分析师提供研究报告信息含量的要求相对较低，证券分析师也就没有动力去花费大量的精力和时间去调研机构持股比例较低的股票。所以，相较于机构投资者持股比例低的股票，更高的会计信息可比性促使证券分析师加大对机构重仓股的实地调研。

为了检验机构投资者持股比对会计信息可比性与证券分析师实地调研之间关系的影响，本书设置了如下交互项模型：

$$Investigate_{i,t} = \alpha_0 + \alpha_1 Comparability_{i,t} + \alpha_2 Inst_{i,t} + \alpha_3 Comparability_{i,t} \times Inst_{i,t} + \alpha_4 Control_{i,t} + \varepsilon_{i,t} \tag{5-2}$$

其中，Inst 为机构投资者持股比，其他的变量的定义不变，本书预期证券分析师在会计信息可比性提高的时候，会降低其盈余预测的乐观偏差，即交互项系数α_3应显著为负。

表 5－8 报告了机构投资者持股比对会计信息可比性与证券分析师实地调

研关系影响的回归结果。第（1）列的被解释变量为证券分析师实地调研次数 Investigate1，第（2）列的被解释变量为公司是否被证券分析师实地调研 Investigate3，会计信息可比性与机构投资者持股比交互项 CompAcct4_Inst 系数α_3都在1%的水平上显著为正。表明机构投资者持股比越高，会计信息可比性带给证券分析师保持信息优势的压力越大，证券分析师需要给机构投资者提供更有信息含量的研究报告以获取机构投资者的分仓或最佳证券分析师投票，因而更有动力加大对公司的实地调研力度。

表5-8　机构持股比对会计信息可比性与分析师实地调研关系的影响

变量	(1)		(2)	
	系数	t值	系数	t值
CompAcct4	1.539	(1.18)	1.881	(2.58)***
Inst	0.033	(0.43)	0.012	(0.30)
CompAcct4_Inst	12.260	(2.76)***	6.419	(2.66)***
Size	0.078	(6.62)***	0.046	(7.49)***
Lev	-0.156	(-2.04)**	-0.060	(-1.36)
Roa	-0.008	(-3.79)***	-0.004	(-3.90)***
Growth	0.043	(1.67)*	0.025	(1.79)*
Follow	0.407	(39.93)***	0.148	(26.00)***
Largest	0.069	(1.02)	0.045	(1.23)
Loss	-0.146	(-4.49)***	-0.102	(-5.11)***
Age	0.006	(0.23)	-0.035	(-2.69)***
Volatility	-0.171		-0.064	
Constant	-1.891		-0.963	
Industry	YES		YES	
Year	YES		YES	
Observations	7431		7431	
Adj. R^2	0.41		0.36	

注：*** 在1%水平显著；** 在5%水平显著；* 在10%水平显著。

二、考虑管理层持股的影响

管理层持股既会对公司盈余产生“利益趋同”效应，也会出现“壕沟防御”效应。一方面，管理层持股使得管理层与股东利益趋于一致，克服管理层短视行为，降低盈余管理，提升公司长期价值。另一方面，管理层也存在操作盈余改变公司业绩和股票价格，实现自身利益最大化的动机。究竟哪种效应起到主导作用要看两种效应的综合影响。现有文献大都发现管理层持股的“壕沟防御”超过了“利益趋同”效应，导致管理层持股与盈余管理呈现正相关关系（Cheng and Warfield，2005；Bergstresser and Philippon，2006）。而中国由于资本市场和公司治理的不完善，管理层持股的“壕沟防御”效应更加明显（李延喜等，2007）。在细分盈余管理方式后发现，管理层持股与应计盈余管理正相关，但与真实盈余管理负相关，即两类效应在两种盈余管理方式上的主导效应存在差异（袁知柱等，2014）

对于持有未到期期权和限制性股票的高管来说，理性的策略是采取各种手段满足行权条件获取股权，因而管理层有动机操纵利润满足业绩要求；对于持有非限制性公司股票的管理层而言，理性的策略是通过盈余管理增厚业绩来抬升股价，从而在高位套现实现收益最大化。因此，管理层持股比例越高，对业绩的敏感度越高，其操作盈余的动机越大。

更高的会计信息可比性为行业内公司间的比较提供了基准，加速了信息在行业内的传递。当一家公司因为盈余操纵导致其盈利指标和发展速度表现出不符合自身历史的正常发展速度或者偏离行业内正常指标时，证券分析师会质疑该公司发布的公开信息的可靠性。当公开信息中的公司自身信息与公司外部的行业内信息相互矛盾时，证券分析师除了运用自身具有的专业能力和积累的行业经验来分析判断外，更有效的方法就是获取更多的私有信息来鉴别现有信息的可靠性，通过对公开信息的去伪存真提高信息含量。证券分析师实地调研就是一种通过实地考察经营场所和面对面与管理层接触获取私有信息的有效方式，证券分析师除了实地考察公司的设备配置、机器开工、员工效率和内部管理，从中获取直观感受外，还可以就自己感兴趣或有疑问的地方向管理层提问，并追问其中的细节，这就是一个验证信息可靠性，强化自我判断的过程。因此，本章预期在管理层持股比例较高的公司，更高的会计信息可比性使得管理层的盈余管理行为更容易被发现，为了验证公开信息的可靠性，证券分析师会加大实地调研的频率；而在管理层持股比例较低的公司，管理层的盈余管理行为相对较少，更高的会计信息可比性提供给证券分析师不一致的信息较少，需要证伪的信息也就较少，在成本约束下证券分析师至少不会增加实地调研。

为了检验管理层持股比例对会计信息可比性与证券分析师实地调研关系的影响，本书按照管理层持股比例的中位数，将管理层持股比例大于中位数的公司区分为管理层持股比例较高组，反之区分为管理层持股比例较低组，分组别检验会计信息可比性对证券分析师实地调研的影响。

表5-9报告了管理层持股比对会计信息可比性与证券分析师实地调研次数关系影响的回归结果。第（1）列是在管理层持股比例较高组，会计信息可比性对证券分析师实地调研次数的影响，会计信息可比性的系数在1%的水平上显著为正，说明管理层持股比例越高，高会计信息可比性提供的其他公司的信息与该公司的信息的差异越大，增加了需要证伪的公开信息，从而加大了证券分析师实地调研验证公司信息的频率。第（2）列是在管理层持股比例较低组，会计信息可比性对证券分析师实地调研次数的影响，会计信息可比性的系数不显著，说明在信息透明度较低组，会计信息可比性对证券分析师实地调研的影响不显著。

表5-9　管理层持股对会计信息可比性与分析师实地调研关系的影响

变量	(1)		(2)	
	高持股比组		低持股比组	
	系数	t值	系数	t值
CompAcct4	7.900	(3.36)***	1.990	(1.44)
Size	0.044	(2.17)**	0.112	(7.50)***
Lev	-0.284	(-2.25)**	-0.059	(-0.63)
Roa	-0.007	(-2.07)**	-0.003	(-1.35)
Growth	0.070	(1.70)*	0.010	(0.33)
Follow	0.376	(26.67)***	0.432	(30.28)***
Largest	-0.223	(-2.15)**	0.234	(2.78)***
Loss	-0.104	(-1.83)*	-0.131	(-3.24)***
Age	0.203	(5.24)***	-0.040	(-1.12)
Volatility	0.034	(0.21)	-0.181	(-1.71)*
Constant	-0.789	(-1.90)*	-2.124	(-6.36)***
Industry	YES		YES	

续表

变量	(1)		(2)	
	高持股比组		低持股比组	
	系数	t 值	系数	t 值
Year	YES		YES	
Observations	3957		3957	
Adj. R^2	0.31		0.45	

注：*** 在 1% 水平显著；** 在 5% 水平显著；* 在 10% 水平显著。

第八节　本章小结

以往文献证实了信息质量能够提升证券分析师预测水平。公开信息数量（Lang and Lundholm，1996）、信息质量（郭杰，2009）、信息披露透明度（方军雄，2007）、盈余质量（李丹和贾宁，2009）都与证券分析师预测准确度正相关。证券分析师的预测基础是公开信息和私有信息，对于公开信息而言，证券分析师只能被动接受不同数量和质量的公开信息；对于私有信息而言，证券分析师可以付出一定的成本去获取，需要证券分析师权衡收益成本对私有信息的搜寻规模进行决策。当更高的会计信息可比性改变了外部信息环境时，也就改变了私有信息获取的收益，证券分析师作为理性经济人需要重新调整对公开信息和私有信息的利用比重。那么证券分析师究竟是加大对私有信息的搜寻力度，增加市场上的信息数量，提升市场效率；还是减少对私有信息的获取需求，更多地倚重公开信息进行预测。为了回答这个问题，本章将证券分析师实地调研代理其获取私有信息的行为，研究当公开信息发生变化，证券分析师如何调整其在盈余预测时对公开信息和私有信息利用比重的变化。

本章以 2006～2020 年我国 A 股上市公司样本，实证检验会计信息可比性对证券分析师实地调研的影响。研究结果表明：（1）更高的会计信息可比性能显著提高证券分析师实地调研的频率。会计信息可比性越高，可比公司提供的可比信息越多，这些信息与被比较公司的信息相互印证，由此增加了证券分析师的信息证伪需求；会计信息可比性越高，对其他信息使用者的分析能力提升越大，证券分析师相对其他信息使用者的信息优势越小，导致证券分析师加大实地调研获取更多的私有信息以提高研究报告信息含量。（2）更高的会计信息可比性会强化机构投资者对证券分析师的信息需求。当机构投资者持股比例较高时，更高的会计信息可比性给予证券分析师保持信息相对优势的压力更大，促使证券分析师进一步加大对机构重仓股的实地调研；当机构投资者持股比例较低时，更高的会计信息可比性虽然降低了证券分析师研究报告的信息含量，但对其通过实地调研获取私有信息的压力则相对减弱。（3）更高的会计信息可比性增加了对管理层持股比例较高公司发布信息的证伪需求。出于利益的考虑，管理层持股越多，越有可能粉饰业绩，更高的会计信息可比性使得管理层的盈余管理行为更容易被发现，为了验证公开信息的可靠性，证券分析师会加大实地调研的频率；而在管理层持股比例较低的公司，管理层的盈余管理行为相对较少，更高的会计信息可比性对证券分析师实地调研的影响相对较小。

本章的研究贡献主要体现在以下几个方面。第一，丰富了证券分析师实地调研行为影响因素的文献。以前的文献多是对证券分析师实地调研的经济后果展开调研，本章从信息需求的角度分析了会计信息可比性对证券分析师实地调研的影响。第二，丰富了证券分析师权衡利用私有信息的文献。以往文献都是谈论信息对证券分析师预测水平的影响，当外部信息环境变化时，证券分析师也能根据私有信息收益成本的变化动态地调整改变对信息的利用程度，而对私有信息的搜寻有利于增加市场的信息，降低信息不对称，提高市场效率。第三，丰富了公开信息与私有信息关系的研究。以往文献探讨了公开信息与私有信息之间替代关系和互补关系，本章用实地调研代理私有信息搜寻，探讨了当公开信息质量提升时，证券分析师对私有信息需求的变化。

第六章　会计信息可比性对分析师评级有效性的影响

第一节　引　　言

资本市场的健康发展取决于对市场上交易品种的定价能力，即价格能够及时反映信息，从而引导资源的有效配置。因此，市场健康的标准就是能够很好地搜寻信息并识别这种信息。证券分析师的工作就是解读信息和提供信息，证券分析师行业是否具有价值、哪些因素会影响证券分析师行业市场价值的发挥始终是财务金融领域值得研究的重要话题（Barron et al.，2002；Chen et al.，2010）。证券分析师通过发布关于公司价值的研究报告来发挥其资本市场信息中介的作用。研究发现，证券分析师研究报告中的盈利预测和评级报告都能提供有价值的信息，具有显著的市场反应（Ivkovi and Jegadeesh，2004；Jegadeesh et al.，2004）。现有研究也考察了研究报告市场反应的影响因素，主要是研究报告本身的信息含量（Stickel，1992；Cheng et al.，2016）和信息使用者对研究报告的市场反应能力（Franco et al.，2015）。

证券分析师研究报告只是公司相关信息中的一种，在其他竞争性信息的影响下，证券分析师研究报告的信息含量是否会相对减少，市场反应是否会降低，这是一个事关证券分析师行业发展和资本市场建设的重要问题。会计信息可比性作为一种重要的会计信息质量特征，会计信息可比性越高，提供给市场的行业内其他公司的比较信息更多，证券分析师和其他信息使用者都能够获取这种更高质量的信息集，那么在考虑其他信息使用者能够从高可比性公司中获益的情形下，证券分析师研究报告的价值是否会受到影响？

为了解答这个问题，本章将从两个角度考察会计信息可比性对证券分析师评级调整市场反应的影响。一是研究报告信息含量。高可比性缩小了证券分析师相对其他信息使用者分析能力的比较优势，减少了证券分析师能够从公司财务报告中获取的增量信息，从而降低研究报告的相对信息含量；二是信息融入股价。高可比性提供了更高质量的信息集，这些信息被其他信息使用者接受并反应到股价中，降低了后期发布研究报告中相同内容的市场反应。据此可以合理推测，会计信息可比性越高，证券分析师研究报告评级调整的市场反应越弱。

本章以2006～2020年证券分析师研究报告评级调整为样本，实证检验了会计信息可比性对证券分析师研究报告评级调整的影响。研究发现：（1）会计信息可比性降低了证券分析师研究报告评级调整的即时反应，会计信息可比性越高，证券分析师研究报告评级调整的信息含量越低，市场反应越弱；（2）会计信息可比性对信息处理的作用体现在去伪不存真。会计信息可比性可以发挥信息的证伪功能，降低评级向下调整的市场反应，但不能强化信息被证明正确的正面影响，对评级向上调整的市场反应没有影响；（3）信息透明度会弱化会计信息可比性降低证券分析师研究报告评级调整的市场反应的影响。只有在信息不透明的公司里，会计信息可比性才能显著减少证券分析师研究报告评级调整的信息含量，降低其市场反应。

本章具有一定的理论贡献和现实意义。在理论方面：第一，拓展了会计信息质量特征经济后果的研究，会计信息可比性提高了财务报告的信息含量，降低了证券分析师研究报告的市场反应；第二，剖析了会计信息可比性发挥作用的机制，会计信息可比性更多地是利用外部信息的比较来证伪信息，通过证伪来获取公司的真实信息；第三，证实公司财务报告是证券分析师的信息来源主要来源，证券分析师利用自身的专业能力解读财务报告确立自己的核心竞争力。

第二节　理论分析与假设研究

证券分析师是资本市场的信息中介，是投资者与上市公司之间信息传递和交流的桥梁（姜国华，2004）。证券分析师凭借其获取信息的相对优势和具备的专业技能，对信息进行加工和解读，向资本市场传递反映证券产品内在价值的信息。这些信息让投资者形成对证券价值的准确判断，从而做出正确的决策（Fernadez，2001）；促进股票价格更好地反映市场信息，提高市场定价效率（Stickel，1991；Gleason and Lee，2003）；降低信息不对称、提高会计盈余质量（Yu，2008；李春涛等，2014）。

证券分析师改善市场资源配置效率的方式就是向市场提供有用的投资建议。作为证券分析师，其开展研究活动的第一步就是搜集各种信息，既包括财务报告、行业政策等公开信息，也包括其依靠公司资源和个人能力获取的私有信息，在最大程度占有信息的基础上运用其个人具有的专业能力进行加工和分析，形成对公司的基本判断和评价，并将投资建议以盈余预测和投资建议等形式提供给投资者。

证券分析师研究报告中投资建议的价值就在于其具有信息含量。证券分析师研究报告中的盈余预测包含着证券分析师的研究成果，相比盈余预测，投资评级是综合众多影响因素形成的总体性结论，因而具有更多的信息含量（Francis and Soffer，1997；Ivkovi and Jegadeesh，2004；Jegadeesh et al.，2004）。证券分析师盈余预测和投资评级各自具有独立的信息含量，在信息传递上各有千秋。一方面，证券分析师的投资评级是在盈余预测的基础上，综合公司的宏观形势、行业发展以及市场表现等信息来确定公司实际价值与现有市值之间的差距，因此投资评级内含的信息比盈余预测传递的信息更加全面；另一方面，投资评级是一个相对指标，评级等级相对受限，投资者只能从中获取投资等级上的差异，而且可以调整的空间相对有限，而盈余预测是一个绝对指标，能够更准确地反映公司的价值信息。

相比盈余预测和投资评级，预测调整的信息含量更大，市场反应更高，因而也最能反映证券分析师的预测能力（Stickel，1992）。用预测调整来衡量证券分析师预测水平之所以比单期预测具有优势，其原因是预测调整意味着要否定之前的分析和判断，如果这种变化对公司价值的判断影响幅度不大，证券分析师不会频繁调整预测。换言之，要有足够新的信息（Elton et al.，1981），足够大的信息含量才能促使证券分析师做出调整预测的决策。因此，市场会认为预测调整的信息含量相对单期预测有更大的信息含量，而且当预测偏离证券分析师的一致预测时，说明证券分析师拥有其他证券分析师所没有的独有信息，因而预测调整偏离一致预测的程度与市场反应的程度正相关，对股价波动的影响也更大（Clement and Tse，2005）。因此，预测调整更能反映证券分析师研究报告的信息含量，并且预测调整的幅度越大，说明增量信息越多，股价对信息的反应幅度越大。

只有那些向投资者传递了新的消息，给市场带来了增量信息的研究报告才能带来市场反应。如果证券分析师的研究报告中只有市场中已经存在的信息，这些信息在研究报告发布之前已经融入股价中，研究报告的发布是不能改变投资者对公司现有价值的认知，因而无法产生市场反应；只有那些提供了增量信息的研究报告才能改变市场对公司实际价值的预期，进而通过市场交易将新的信息融入股价，引发市场反应。因此，本章可以合理预期：相对于盈余预测和投资评级，证券分析师盈余预测调整和投资评级调整传递给市场的信息含量更多，盈余预测调整和投资评级调整是相对上期研究报告预测值和投资评级的调整，也就是相对上期研究报告预测值和投资评级的新增信息在本期研究报告预测值和投资评级上的反映，这些新增信息融入股价就引发了市场反应。

从证券分析师信号的变动差值到改变投资者对公司价值的市场预期，这条逻辑链条说明，要想证券分析师研究报告产生足够的市场反应，必须具备两个条件。一是证券分析师研究报告具有足够的信息含量。排名靠前的证券公司和证券分析师的声誉能够提供更有信息含量的投资评级，提高研究报告的市场反应，这是因为排名靠前的证券公司拥有更好的资源，包括更好的研究条件、更强的研究团队和更多的客户关系，这些资源帮助证券分析师更好地提升个人能力和更便利地从公司管理层获取信息。伊志宏和江轩宇（2013）认为明星证券分析师的价值体现在对公司特征信息的挖掘和解读方面，Cheng et al.（2016）认为，证券分析师在实地调研中通过现场观察和提问能够获取更多的私有信息，将私有信息形成对公司现有信息的补充，输入到证券分析师研究报告的分析中就能提升研究报告的信息含量。另外，排名靠前的证券公司与明星证券分析师更看重声誉，因而能够保持自身的独立性，降低利益冲突的负面影响（Stickel，1992）。二是投资者能够正确理解信息含量。投资者相对于专业的证券分析师缺乏专业的分析和解读能力，很可能会忽略研究报告中反映出来的有价值的投资信号。投资者的非理性和市场套利有限性也限制了市场的有效性（Banz，1981），美国成熟市场也不是完全的强式有效市场，其投资者不可能充分理解证券分析师研究报告的信息含量（Gleason and Lee，2003；Jegadeesh et al.，2004），相比美国市场，中国市场的有效性程度不高，投资者专业知识和分析能力的欠缺导致其更难从证券分析师研究报告中获取充分的信息。

更高的会计信息可比性为公司间的比较提供了基准，便于投资者发现公司之间的业务经营、财务状况、发展规划的差异，并通过比较确定行业内公司价值的优劣等级。另外，更高的会计信息可比性能够促进行业内信息的流动，增加了可比公司的额外信息，便于投资者印证和补充被比较公司的信息，因而为投资者提供了更高质量的信息集。本章从影响市场反应的研究报告信息含量这个条件入手进行分析，检验会计信息可比性对证券分析师评级调整市场反应的影响。首先，更高的会计信息可比性降低了证券分析师研究报告的新增信息。会计信息可比性既包括行业内与其他公司的可比，也包括公司当年与以前年度的可比。在会计信息可比性较低时，要想实现公司之间的比较需要借助财务金融等相关专业知识和技能来计算和调整，这些专业知识和技能就是证券分析师的行业专长，这种行业专长能够帮助证券分析师获取更多的公司信息、更好地理解公司的价值，从而形成证券分析师对普通投资者的信息优势。普通投资者由于不具备这种专业能力，难以从行业内其他公司的财务报告中得到关于被比较公司的相关信息；当会计信息可比性较高时，普通投资者可以对公司间的业绩异同直接进行比较，省去了普通投资者在进行公司间比较时所需要的会计方法调整和财务指标计算等过程，降低了财务分析所要求的专业知识和技能的门槛，证券分析师所具备的行业专长不再能为其带来相对普通投资者的比较优势，缩小了普通投资与证券分析师之间的信息优势，因而降低了证券分析师研究报告的新增信息。其次，更高的会计信息可比性加快了信息融入股价的进程。更高的会计信息可比性使得普通投资者直接比较不同公司之间财务报告的异同，更好地理解公司的真实价值，形成投资者对公司价值的一致预期，当这种一致预期与公司的现时价值不同时，市场会对公司的价值重新定价，因此更高的会计信息可比性促进增量信息更早地融入股价。但当证券分析师在读完公司财务报告后发布研究报告时，研究报告中的部分信息已经在研究报告发布之前被普通投资者通过交易融入股价中，也就是说更高的会计信息可比性已经将行业内可比公司的信息更早的融入股价。因此，更高的会计信息可比性导致证券分析师研究报告的新增信息量变少，降低了证券分析师研究报告发布当时的市场反应。

从市场反应的交易对手来看，更高的会计信息可比性导致研究报告日前后的交易相对减少。市场交易发生变化的原因是买卖双方的信息差异所引起的。作为持有股票的卖方，由于更高的会计信息可比性使得可比公司的信息提前融入股价，证券分析师研究报告信息含量降低。在证券分析师发布研究报告时，减少的信息含量难于引发卖方继续持有或者抛售股票的决策；而作为潜在投资者的买方，由于股价中已经体现了部分研究报告中的信息，在证券分析师发布研究报告时，信息含量的减少缩小了买卖的收益差，因而也降低了买方买入股票的动机。

综合以上分析，会计信息可比性降低了证券分析师的行业专长优势，减少了证券分析师研究报告的信息含量，并加快了新增信息融入股价的进程，降低了证券分析师评级调整的市场反应。由此，本书提出假设 6 - 1：

假设 6 - 1：会计信息可比性越高，证券分析师研究报告评级调整的市场反应越小。

第三节　研究设计

一、研究样本

本章选取 2006 ~ 2020 年沪深两市 A 股上市公司作为研究对象。证券分析师的投资评级数据、公司经营及公司治理相关数据来源于 CSMAR。选择 2006 年作为研究开始期间的原因是，A 股上市公司自 2002 年起才被强制要求披露公司季报，由于计算会计信息可比性需要采用连续 16 个季度的财务和市场数据，2006 年为最早能计算的可比性指标的年度。

本章按如下程序对基础数据进行筛选：（1）删除投资评级缺失样本；（2）删除金融行业的样本；（3）删除非交易日的投资评级样本；（4）删除被特别处理 ST 的公司样本；（5）删除其他变量缺失的样本。最终得到 52908 个公司—日观测。为了消除极端值的影响，本书对所有连续变量按照前后 1% 进行缩尾处理。本章对行业分类的依据是中国证监会 2012 年修订的《上市公司行业分类指引》，其中制造业基于门类和大类细分，其他行业仅采用门类分类。

二、变量定义

（一）被解释变量

本章的被解释变量 CAR 为个股累积超额回报率，$CAR_{[-1,1]}$ 主要是用来反映证券分析师发布研究报告对市场的即时反应。本书按照现有文献对证券分析师投资评级研究报告市场反应的研究的时间窗口选取标准一致（Womack, 1996），即以证券分析师投资评级报告发布日的前后 3 天作为窗口期，来衡量投资评级调整的即时市场反应；$CAR_{[2,21]}$ 反映市场对评级报告的滞后反映，市场反应反转时间大概为第 21 天，因此我们选取证券分析师投资评级报告发布日后的第 21 天为截止日。本书采用 Hirshleifer et al. （2009）的做法计算超额收益率，具体为不考虑现金红利的个股日回报率加一后的连乘，减去不考虑现金红利的市场日回报率（等权平均法）加一后的连乘。

（二）解释变量

本章的主要解释变量是评级调整和会计信息的可比性。本章将研究报告中的评级顺序进行了倒序调整，1 ~ 5 分别为卖出、减持、中性、增持和买入五个等级，当本期评级较上期评级分数高，则取值为 1，当本期评级较上期评级分数低，则取值为 -1，当本期评级较上期评级无差异，则取值为 0。会计信息可比性采用 De Franco et al. （2011）的测度方法，对中国上市公司的可比性进行计算和分析。在这里本书采用了两种衡量方式，一种是取行业内某个公司对其他所有公司所有两两组合的可比性排名前 4 的均值 CompAcct4，另一种是取行业内某个公司对其他所有公司组合的可比性中位数 CompAcctInd。

（三）控制变量

本章参照以往文献研究，对可能影响证券分析师实地调研的因素进行了控制，具体包括如下变量：公司规模 Size；资产负债率 Lev；总资产收益率 Roa；

机构投资者持股比率 Inst；证券公司声誉 Reputation；证券分析师声誉 Star；评级调整 Rankch；评级跨级 Skip。此外，还控制了年度和行业固定效应。

主要变量的详细定义和计算方法见表 6－1。

表 6－1　　主要变量的详细定义和计算方法

变量名	定义	计算方法
CAR	个股累计超额回报率	研究报告发布日前后 3 日和第 21 日截止的窗口期，不考虑现金红利的个股日回报率后的连乘加一，减去不考虑现金红利的市场日回报率（等权平均法）后的连乘加一
Rankch	评级调整	证券分析师评级调整方向变量，向上调整取值 1，向下调整取值 －1，维持原评级为 0
CompAcct4	会计信息可比性 1	与行业内其他公司组合可比性（基于 De Franco 模型计算）排名前 4 的均值
CompAcctInd	会计信息可比性 2	与行业内其他公司组合可比性（基于 De Franco 模型计算）的中位数
Size	公司规模	公司 t 年末的总资产对数值
Lev	资产负债率	期末总负债除以总资产的对数值
Roa	总资产收益率	净利润除以资产的平均余额
Inst	机构投资者持股比	公司 t 期的机构投资者持股比例
Reputation	证券公司声誉	根据中国证券业协会公布的 2018 年的证券公司排名，如果证券公司营业收入排名为前十，则取值为 1，否则为 0
Star	明星证券分析师	如果证券分析师在当年的新财富排名为前 3 名，则取值为 1，否则为 0
Skip	评级跨级	当期前后两期的评级分数差大于 1，取值为 1，否则为 0

三、实证模型

本章借鉴了 Stickel（1995）和 Hirshleifer et al.（2009）的做法，采用如下模型检验会计信息可比性对研究报告调整市场反应的影响：

$$CAR_{[-1,1]} = \alpha_0 + \alpha_1 Rankch + \alpha_2 Comparability + \alpha_3 Comparability \times Rankch + \alpha_4 Controls + \varepsilon \quad (6-1)$$

其中，CAR 为个股累计超额回报率；Rankch 为本章的解释变量，表示评级调整的方向，Comparability 也为本章的解释变量，表示会计信息可比性，衡量公司的会计系统的相似度，Comparability × Rankch 为两个解释变量的交互项；Controls 为控制变量，相关变量定义参见表 6 - 1。如果假设 6 - 1 成立，会计信息可比性的提高将降低证券分析师研究报告中评级调整的市场反应，本书预期会计信息可比性与评级调整交互项的系数 α_3 应该显著为负。

第四节　实证分析

一、描述性统计分析

本章给出了主要变量的描述性统计。从表 6 - 2 的描述性统计中看出，Car 的均值为 0.008；Rankch 的均值为 - 0.004，说明向下的评级调整略多，可能是为了纠正证券分析师的乐观偏差；Skip 的均值为 0.065，说明评级跨级的情况较少，评级更多的是逐级调整。

表 6 - 2　　　　主要变量描述性统计

变量名	观测数	均值	标准差	最大值	中位数	最小值
CAR	52908	0.008	0.05	0.185	0.001	-0.107
Rankch	52908	-0.004	1	1	-1	-1
CompAcct4	52908	-0.012	0.007	-0.002	-0.01	-0.038
Size	52908	22.99	1.412	27.17	22.77	20.51
Lev	52908	0.474	0.189	0.849	0.481	0.083
Roa	52908	6.706	5.562	25.78	5.67	-7.43
Inst	52908	0.416	0.235	0.867	0.431	0.013
Reputation	52908	0.248	0.432	1	0	0
Star	52908	0.166	0.372	1	0	0
Skip	52908	0.065	0.246	1	0	0

二、单变量分析

在回归分析前，先对被解释变量进行单变量分析，以检验证券分析师评级调整市场反应在不同程度的会计信息可比性下是否存在显著差异。表6-3报告了单变量分析结果，其中Rankch_CAR3为证券分析师评级调整方向与短窗口个股累积超额回报率的乘积，Rankch_CAR20为证券分析师评级调整方向与长窗口个股累积超额回报率的乘积。在Panel A中，按照会计信息可比性CompAcct4的中位数分为两组，在CompAcct4大于中位数的组中，会计信息可比性更高，反之会计信息可比性更低。T-检验的结果显示，Rankch_CAR3的均值在列（1）中比在列（2）中更小，且差异在5%的水平显著，说明会计信息可比性越高的公司，证券分析师研究报告评级调整的市场反应越低。Panel B中的全样本按照ComAcctInd的中位数分为两组，大于中位数的组意味着会计信息可比性更高。T-检验的结果同样显示，Rankch_CAR3的均值在列（1）中比在列（2）中显著更小，说明在短窗口期，更高的可比性降低了证券分析师研究报告评级调整的市场反应。上述结果均支持本章的假设6-1。

表6-3　单变量分析结果

	(1) Higher	(2) Lower	(1) - (2)	T-Value
Panel A：按ComAcct4分组				
Rankch_CAR3	0.002	0.003	-0.001	(-2.19)**
Rankch_CAR20	0.002	0.002	-0.001	(-0.63)
Panel B：按ComAcctInd分组				
Rankch_CAR3	0.002	0.003	-0.001	(-2.10)**
Rankch_CAR20	0.002	0.002	0.000	(-0.02)

三、回归分析

表6-4报告了会计信息可比性对证券分析师研究报告评级调整市场反应影响的回归结果。第（1）列检验的是市场对证券分析师研究报告评级调整的即时反应，第（3）列检验的是市场对证券分析师研究报告评级调整的滞后反

应，评级调整的系数都在1%的水平上显著为正，说明证券分析师研究报告的评级调整得到市场的恰当的反应。

然后，本书考察了会计信息可比性对证券分析师研究报告评级调整市场反应的影响，第（2）列显示，会计信息可比性与评级调整交互项 CompAcct4_Rankch 的系数α_3在短窗口［-1，1］上显著为负，说明会计信息可比性降低了证券分析师研究报告评级调整的即时反应。同时，第（4）列显示，会计信息可比性与评级调整交互项 CompAcct4_Rankch 的系数α_3在长窗口［2，20］不显著为负，说明会计信息可比性降低市场对证券分析师研究报告评级调整滞后反应的影响不明显。综合表6-3的结果，我们发现，会计信息可比性越高，证券分析师研究报告评级调整的信息含量越低，市场反应就越弱，由此本章的研究假设6-1得以证明。

从中可以得出三个结论：一是会计信息可比性提高了财务报告的市场反应，降低了证券分析师研究报告评级调整的市场反应；二是财务报告是证券分析师获取信息的重要渠道，会计信息可比性在提高财务报告信息含量的同时，也降低了证券分析师用专业能力从财务报告中获取更多信息的相对优势；三是会计信息可比性促进了信息更早地融入股价，降低了证券分析师研究报告的信息含量，甚至是证券分析师作为资本市场信息中介的市场价值，因而也对证券分析师能力提出了更高要求。

从其他控制变量来看，资产负债率越高、总资产收益率越高、是明星证券分析师，则市场反应越大。而对规模较大、存在评级跨级情况的公司，市场反应越小。

表6-4　会计信息可比性对研究报告评级调整市场反应的影响

变量	(1)		(2)		(3)		(4)	
	CAR (-1, 1)		CAR (-1, 1)		CAR (2, 21)		CAR (2, 21)	
	系数	t值	系数	t值	系数	t值	系数	t值
Rankch	0.003	(12.03) ***	0.002	(4.56) ***	0.002	(5.25) ***	0.002	(2.50) **
CompAcct4			-0.110	(-2.85) ***			-0.248	(-3.10) ***
CompAcct4_Rankch			-0.059	(-1.88) *			-0.015	(-0.23)
Size	-0.002	(-10.05) ***	-0.002	(-10.32) ***	-0.003	(-7.22) ***	-0.004	(-7.66) ***
Lev	0.017	(9.19) ***	0.017	(9.14) ***	0.035	(9.30) ***	0.035	(9.25) ***
Roa	0.001	(9.69) ***	0.001	(9.70) ***	0.001	(11.52) ***	0.001	(11.53) ***

续表

变量	(1)		(2)		(3)		(4)	
	CAR (-1, 1)		CAR (-1, 1)		CAR (2, 21)		CAR (2, 21)	
	系数	t值	系数	t值	系数	t值	系数	t值
Inst	0.002	(1.45)	0.002	(1.61)	0.014	(6.27)***	0.014	(6.45)***
Reputation	-0.000	(-0.03)	-0.000	(-0.03)	0.002	-1.44	0.002	-1.42
Star	0.003	(4.97)***	0.003	(4.98)***	0.000	-0.03	0.000	-0.05
Skip	-0.003	(-2.79)***	-0.003	(-2.81)***	0.000	-0.11	0.000	-0.09
Constant	0.048	(9.99)***	0.050	(10.19)***	0.053	(5.26)***	0.056	(5.56)***
Industry	YES		YES		YES		YES	
Year	YES		YES		YES		YES	
Cluster by firm	YES		YES		YES		YES	
Observations	52908		52908		52908		52908	
Adj. R^2	0.01		0.01		0.03		0.03	

注：*** 在1%水平显著；** 在5%水平显著；* 在10%水平显著。

第五节 稳健性检验

本书进行了以下几个方面的稳健性检验以保证结果的可靠性。检验结果显示，本章的结论是较为稳健和可靠的。

第一，变更回归模型。采用如下模型检验会计信息可比性对评级调整市场反应的影响：

$$CAR \times Rankch = \alpha_0 + \alpha_1 Comparability + \alpha_2 Controls + \varepsilon \tag{6-2}$$

其中，CAR ×Rankch 为个股累积超额回报率与评级方向的乘积，为本章的因变量，Comparability 为本章的解释变量，表示会计信息可比性，衡量公司的会计系统的相似度；Controls 为控制变量。如果假设 1 成立，会计信息可比性的提高将降低证券分析师研究报告中评级调整的市场反应，本书预期会计信息可比性的系数α_1应该显著为负。

变更模型后的回归结果见表 6-5。第（1）列的因变量为短窗口的个股累积超额回报率与评级调整方向的乘积，第（2）列的因变量为长窗口的个股累积超额回报率与评级调整方向的乘积。由回归结果可知，会计信息可比性降低了证券分析师评级调整的市场反应。本书研究结论未发生改变。

表 6-5　　稳健性检验：变换回归模型

变量	(1)		(2)	
	CAR (-1, 1) ×Rankch		CAR (221) ×Rankch	
	系数	t 值	系数	t 值
CompAcct4	-0.076	(-1.94)*	-0.016	(-0.19)
Size	-0.001	(-4.13)***	-0.001	(-2.78)***
Lev	0.003	(1.48)	0.005	(1.42)
Roa	-0.000	(-2.30)**	0.000	(0.02)
Inst	-0.001	(-1.34)	0.002	(1.03)
Reputation	-0.001	(-1.46)	-0.001	(-0.87)
Star	0.001	(1.91)*	-0.003	(-1.80)*
Skip	0.006	(6.84)***	0.004	(2.25)**
Constant	0.025	(4.99)***	0.029	(2.79)***
Industry	YES		YES	
Year	YES		YES	
Observations	52908		52908	
Adj. R^2	0.01		0.01	

注：*** 在 1% 水平显著；** 在 5% 水平显著；* 在 10% 水平显著。

第二，变更会计信息可比性的衡量方式。之前的研究采用行业内某个公司对其他所有公司组合的可比性的排名前 4 的均值 CompAcct4 作为该公司的会计信息可比性度量，本书还采用行业内某个公司对其他所有公司组合的可比性中位数 CompAcctInd 作为该公司会计信息可比性的替代度量。

使用会计信息可比性 CompAcctInd 为主要解释变量回归模型（6-2），结果见表 6-6。第（1）列的因变量为短窗口的个股累积超额回报率与评级调整方向的乘积，第（2）列的因变量为长窗口的个股累积超额回报率与评级调整方向的乘积。由回归结果可知，会计信息可比性降低了证券分析师评级调整的市场反应。本书研究结论未发生改变。

表 6-6 稳健性检验：变换可比性的度量

变量	(1)		(2)	
	CAR（-1，1）×Rankch		CAR（221）×Rankch	
	系数	t 值	系数	t 值
CompAcctInd	-0.106	(-2.27)**	-0.027	(-0.27)
Size	-0.001	(-4.35)***	-0.001	(-2.67)***
Lev	0.003	(1.46)	0.005	(1.42)
Roa	-0.000	(-2.39)**	0.000	(0.01)
Inst	-0.002	(-1.45)	0.002	(1.02)
Reputation	-0.001	(-1.48)	-0.001	(-0.87)
Star	0.001	(1.90)*	-0.003	(-1.81)*
Skip	0.006	(6.83)***	0.004	(2.25)**
Constant	0.027	(5.11)***	0.029	(2.67)***
Industry	YES		YES	
Year	YES		YES	
Observations	52908		52908	
Adj. R^2	0.01		0.01	

注：*** 在 1% 水平显著；** 在 5% 水平显著；* 在 10% 水平显著。

第六节　内生性检验

会计信息可比性与证券分析师评级调整市场反应的负相关关系可能是内生性问题导致的。虽然本章控制了一些影响市场反应的控制变量，但尚有潜在影响因素未被控制，回归模型可能遗漏一些既影响证券分析师评级调整市场反应，又与会计信息可比性相关的变量。为了让结论更可靠，本章加入公司固定效应以减少遗漏变量对结论的干扰。

控制公司固定效应的回归结果见表 6-7，第（1）列的因变量为在短窗口［-1，1］的个股累积超额回报率；第（2）列的因变量为在长窗口［2，20］的个股累积超额回报率。从检验结果可知，会计信息可比性越高，证券分析师评级调整的市场反应越弱，研究结论不变。

表 6-7　　内生性检验：公司固定效应

变量	(1)		(2)	
	CAR (-1, 1)		CAR (221)	
	系数	t 值	系数	t 值
Rankch	0.002	(4.33) ***	0.002	(2.53) **
CompAcct4	-0.006	(-0.11)	-0.298	(-2.80) ***
CompAcct4_Rankch	-0.060	(-1.92) *	-0.006	(-0.09)
Size	-0.005	(-4.75) ***	-0.016	(-7.66) ***
Lev	0.025	(6.77) ***	0.063	(8.29) ***
Roa	0.001	(10.85) ***	0.002	(11.06) ***
Inst	0.007	(3.77) ***	0.027	(6.88) ***
Reputation	0.000	(0.16)	0.002	(1.89) *
Star	0.003	(4.62) ***	-0.000	(-0.10)
Skip	-0.003	(-2.97) ***	-0.001	(-0.45)
Constant	0.106	(4.15) ***	0.361	(6.88) ***
Stkcd	YES		YES	
Year	YES		YES	
Observations	52908		52908	
Adj. R^2	0.03		0.06	

注：*** 在 1% 水平显著；** 在 5% 水平显著；* 在 10% 水平显著。

第七节　进一步研究

经过以上实证分析，验证了会计信息可比性降低了证券分析师行业市场价值的结论。从影响市场反应的研究报告信息含量的角度来分析，会计信息可比性为市场提供的增量信息，通过证券市场交易及时体现到股价上。证券分析师通过行业专长分析得到的关于公司价值的信息，已经有一部分因为会计信息可比性的增量信息而相对变少，因此也就降低了其发布的研究报告的信息含量。那么，接下来的两个问题也成为本书关心的问题。第一个问题是在会计信息可比性会给信息透明度较低的公司提供更多的增量信息，那对该类公司的研究报告的市场反应是否更低？第二个问题是对于会计信息可比性提供的增量信息究竟是正向还是负向的市场反应？接下来本书将对这两个问题继续进行研究。降低研究报告市场反应的分析如图 6－1 所示。

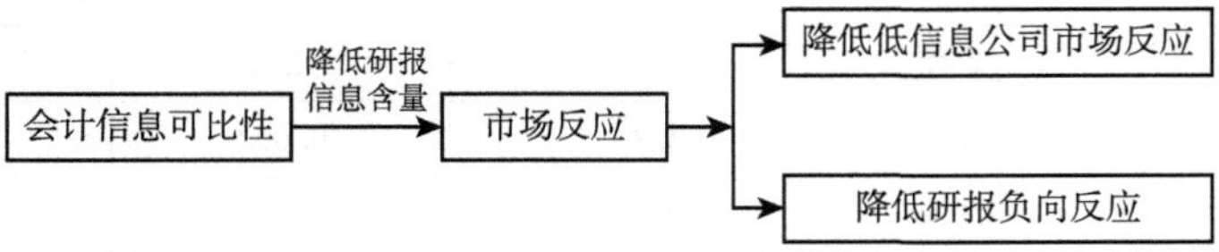

图 6－1 降低研报市场反应的分析

一、考虑评级调整方向的影响

在以上检验的基础上，本章进一步分析了会计信息可比性对证券分析师研究报告评级调整方向市场反应的影响。更高的会计信息可比性促使公司信息在行业内加快流动，提高财务报告的市场反应，降低了证券分析师研究报告评级调整市场反应。管理层为了满足各种契约要求，需要通过盈余操纵来改变财务报告中的财务指标。随着公司财务报告的不断披露，行业内可比公司的信息增加，帮助投资者辨别被比较公司信息中虚假的部分，确认真实的部分，并在证券分析师研究报告发布之前形成对公司的基本判断。那么这种去伪存真的作用会对证券分析师研究报告信息含量产生怎样的影响，本章就要检验更高的会计信息可比性对证券分析师评级调整方向的市场反应的影响。

证券分析师研究报告的评级调整给市场带来了新的信息，市场将对这种新的信息产生显著反应，进而进行重新定价。投资评级向上调整意味着好消息，投资评级的向下调整意味着坏消息，不管是哪种消息，只要是增量信息就会改变市场对公司价值的预期，从而引发交易使公司的市场价值与预期一致。更高的会计信息可比性因为提供了比较基准，投资者可以更方便地对公司的经营情况进行直接的比较和分析，通过同类公司的比较，增加投资者的信息，帮助投资者“去伪存真”，提高其对公司的判断分析水平。对于财务报告中的信息，更高的会计信息可比性通过可比公司的信息进行佐证和补充，如果发现公司业绩与行业发展平均水平有显著的异常差异，就会质疑公司财务报告的真实性，从而发挥对消息的“去伪”作用，更早的将这种质疑融入股价；而如果公司业绩与行业发展平均水平没有显著的异常差异，业务的发展速度也和公司的经营计划、行业发展机会契合，那么可比公司的信息只是进一步确定了当前的信息，因此更高的会计信息可比性对信息发挥了“存真”的作用，但不会对当前信息产生增量影响，也就不会影响证券分析师好消息的市场反应。因此，本章预期：会计信息可比性能够发挥“去伪存真”的作用，让被证伪的消息提早的融入股价，降低证券分析师评级向下调整的市场反应；但被证实的消息并没有增量信息，不会影响证券分析师评级向上调整的市场反应。

为了检验会计信息可比性对研究报告评级调整方向市场反应的影响，本书按照评级调整方向分成评级向上调整组和评级向下调整组，分组别检验会计信息可比性在短窗口对即时反应的影响。

表6－8报告了会计信息可比性在短窗口对研究报告评级调整方向即时反应影响的回归结果。第（1）列是更高的会计信息可比性在评级向下调整组对即时反应的影响，会计信息可比性 CompAcct4 的系数在1%的水平上显著为负，说明更高的会计信息可比性发挥了证伪作用，降低了评级向下调整的市场反应。第（2）列是更高的会计信息可比性在评级向上调整组对即时反应的影响，会计信息可比性 CompAcct4 的系数不显著为负，说明更高的会计信息可比性没有发挥存真的作用，对评级向上调整的市场反应没有影响。

表6－8　会计信息可比性对研究报告评级方向调整市场反应的影响

变量	(1)		(2)	
	Rankch < 0		Rankch > 0	
	系数	t值	系数	t值
CompAcct4	−0.180	(−3.22)***	−0.040	(−0.75)
Size	−0.003	(−9.65)***	−0.001	(−4.74)***
Lev	0.019	(7.09)***	0.014	(5.71)***
Roa	0.000	(5.07)***	0.001	(8.72)***
Inst	0.000	(0.11)	0.003	(2.21)**
Reputation	−0.001	(−1.75)*	0.001	(1.84)*
Star	0.004	(3.90)***	0.003	(2.92)***
Skip	0.003	(2.33)**	−0.009	(−7.34)***
Constant	0.072	(10.16)***	0.027	(4.01)***

续表

变量	(1)		(2)	
	Rankch < 0		Rankch > 0	
	系数	t 值	系数	t 值
Industry	YES		YES	
Year	YES		YES	
Observations	26351		26557	
Adj. R^2	0. 01		0. 01	

注：*** 在 1% 水平显著；** 在 5% 水平显著；* 在 10% 水平显著。

二、考虑信息透明度的影响

在以上检验的基础上，本章进一步对信息透明度对会计信息可比性与证券分析师研究报告评级调整市场反应关系的影响进行了研究。信息透明度反映了单个公司管理层与投资者与之间的信息落差，不同的信息透明度意味着利益相关者之间的信息落差的不同。而会计信息可比性衡量的是公司之间信息的可比程度，公司的可比性越高，其他可比公司提供的信息越多，会计信息质量的提升越高。那么在信息不对称程度存在差异的环境下，不同程度的会计信息可比性对证券分析师行业专长的发挥是否存在差异，这种是否会影响证券分析师研究报告评级调整的有效性是一个有待检验问题。

提升会计信息透明度可以让投资者了解公司的真实经营情况，从而对公司管理层行为进行监督。在两权分离的运营模式下，解决委托代理问题的关键就是要减低利益相关者的信息不对称，会计信息透明度不仅改善了投资者的信息环境，提高公司的经营管理效率（张兵等，2009），还减少了内部人占有的私人信息，从而降低外部利益相关者获取信息的成本（Filatotchev and Nakajima，2014）。信号传递理论认为，外部投资者通过上市公司的信息披露获取公司的相关信息，信息披露质量越高，投资者的决策水平越高。投资者在占有公司真实信息的基础上，能够更加准确地评估公司价值并作出投资决策，从而对管理层的行为形成监督，降低管理层偏离股东利益和意愿的风险（杜兴强和周泽将，2009）。好的信息披露便于外部投资者监督管理层的行为（Mallin，2010）。会计信息透明度越高，股东投资成本越低（汪炜和蒋高峰，2004），融资能力越高（曾颖和陆正飞，2006）。

在信息透明度低的组，公司管理层与投资者之间的信息落差较大，证券分析师发挥行业专长解读财务报告后获取的信息更多，相对普通投资者的信息优势更大，当更高的会计信息可比性提升信息质量、降低信息分析成本时，证券分析师相对普通投资者的信息比较优势被更高的会计信息可比性提供的高质量信息集所抵消，进而降低证券分析师研究报告评级调整的市场反应；在信息透明度高的组，公司与投资者之间的信息落差较小，更高的会计信息可比性对信息使用者信息集的提升作用有限，因而更高的会计信息可比性对证券分析师与其他信息使用者之间信息不对称的降低作用也有限，也就不会降低证券分析师研究报告评级调整的市场反应。本书预期：在信息披露透明度较高组，更高的会计信息可比性对证券分析师信息优势的抵消作用有限，因此对证券分析师研究报告评级调整的市场反应影响不明显，而在信息披露透明度较低组，更高的会计信息可比性对信息使用者所利用信息的提升作用更大，对证券分析师信息优势的抵消影响更明显，因此对证券分析师研究报告评级调整的市场反应抵消影响更明显。

为了检验信息透明度对会计信息可比性与证券分析师研究报告评级调整市场反应关系的影响，本书按信息披露质量将公司分为信息透明度较高组和信息透明度较低组，分组别检验会计信息可比性在短窗口对证券分析师研究报告评级调整即时反应的影响。

表6-9报告了信息透明度对会计信息可比性与证券分析师研究报告评级调整即时反应关系影响的回归结果。第（1）列是在信息透明度较高组，会计信息可比性对证券分析师研究报告评级调整市场反应的影响，会计信息可比性与研究报告评级调整交互项 CompAcct4_Rankch 的系数不显著，说明在信息透明度较高组，会计信息可比性对证券分析师研究报告评级调整市场反应没有显著影响。第（2）列是在信息透明度较低组，会计信息可比性对证券分析师研究报告评级调整市场反应的影响，会计信息可比性与研究报告评级调整交互项 CompAcct4_Rankch 的系数在10%的水平上显著为负，说明在信息透明度较低组，会计信息可比性显著降低了证券分析师研究报告评级调整的市场反应。

表 6-9　　信息透明度对可比性与评级调整市场反应关系的影响

变量	(1)		(2)	
	高透明度组		低透明度组	
	系数	t 值	系数	t 值
Rankch	0.002	(1.64)	0.002	(2.01)**
CompAcct4	-0.147	(-1.27)	-0.090	(-1.15)
CompAcct4_Rankch	-0.011	(-0.14)	-0.111	(-1.90)*
Size	-0.003	(-4.20)***	-0.003	(-5.01)***
Lev	0.021	(4.04)***	0.015	(4.24)***
Roa	0.000	(3.93)***	0.000	(4.74)***
Inst	0.001	(0.57)	0.003	(1.31)
Reputation	-0.000	(-0.22)	0.001	(0.78)
Star	0.003	(1.69)*	0.004	(3.00)***
Skip	-0.001	(-0.25)	-0.001	(-0.74)
Constant	0.059		0.060	
Industry	YES		YES	
Year	YES		YES	
Observations	9547		16686	
Adj. R^2	0.01		0.02	

注：*** 在 1% 水平显著；** 在 5% 水平显著；* 在 10% 水平显著。

第八节　本章小结

证券分析师被誉为资本市场的信息中介，通过解读和提供信息促进信息向股价的转化效率，优化资源配置。证券分析师研究报告的市场反应关系资本市场的配置效率，是证券分析师资本市场价值的一个重要研究方向。证券分析师研究报告的市场反应部分取决于研究报告信息含量，而研究报告信息含量又来源于证券分析师占有的公开信息和私有信息，所以信息的变化会影响证券分析师研究报告的市场反应。本章选取了 2006～2020 年证券分析师研究报告评级调整样本，以会计信息质量特征之一的会计信息可比性为切入点，考察了当财务报告传递的公开信息质量提高后，是否会影响证券分析师研究报告评级调整的市场反应。研究发现：更高的会计信息可比性降低了证券分析师研究报告评级调整的市场反应，会计信息可比性越高，证券分析师研究报告评级调整的信息含量越低，市场反应越弱。进一步研究结果表明：第一，会计信息可比性对信息处理的作用体现为"去伪存真"。会计信息可比性可以发挥信息的证伪功能，降低评级向下调整的市场反应，但不会对被证实信息补充其他信息，对评级向上调整的市场反应没有影响；第二，信息透明度会弱化更高的会计信息可比性降低证券分析师研究报告评级调整的市场反应的影响。只有在信息不透明的公司里，会计信息可比性才能显著减少证券分析师研究报告评级调整的信息含量，降低其市场反应。

本章的研究贡献主要体现在以下几个方面。第一，丰富了会计信息可比性对证券分析师行为影响的文献。之前的文献研究了会计信息可比性对证券分析师跟踪、盈余预测准确性和预测分歧度的影响，却没有研究对其发挥信息中介有负面影响的乐观偏差的影响。第二，用信息需求的视角研究了证券分析师乐观偏差的影响因素。证券分析师在盈余预测时会动态调整其利用的公开信息和私有信息的比重，更高的会计信息可比性提升了公开信息的质量，而获取私有信息是要付出成本的。在这种情况下，证券分析师会更多地依赖公开信息，减少对私有信息的需求。第三，丰富了证券分析师声誉经济后果的研究。从其他信息使用者的视角来看，更高的会计信息可比性提供了更高质量的公开信息，帮助他们更容易识别证券分析师研究报告的乐观偏差，发布偏乐观的研究报告为证券分析师带来利益的同时，也降低了其市场影响力和声誉。因此，证券分析师出于保护声誉，避免失去投资者信任和市场影响力的目的，主动减少偏乐观研究报告的发布，从而表现出声誉对证券分析师自利行为的约束，为证券分析师的声誉机制提供了新的证据。

本章具有一定的理论贡献和现实意义。在理论方面：第一，拓展了会计信息可比性经济后果的研究。以往研究没有考察可比性对证券分析师中介地位的影响，更高的会计信息可比性提高了财务报告的信息含量，降低了证券分析师研究报告的市场反应；第二，剖析了会计信息可比性发挥作用的机制，会计信息可比性可以发挥去伪存真的作用，通过增加可比公司的信息来印证被比较公司的信息；第三，证实会计信息可比性降低了证券分析师行业专长的效用。证券分析师需要运用自身的行业专长对公开信息进行解读并获取对信息的占有优势，而更高的会计信息可比性降低了证券分析师研究报告的新增信息，说明证券分析师行业专长的作用被部分抵消和降低。在现实意义方面：第一，更加重视会计信息可比性的重要作用。更高的会计信息可比性增强了财务报告的信息竞争力，提高了财务报告的市场反应，更及时地发挥了资源配置作用。因此要更加重视会计信息可比性在会计信息质量特征中的作用，在实践中可以分行业制定会计政策选择标准，提高会计信息可比性，发挥其在资本市场上的作用。第二，构建证券分析师的核心价值。更高的会计信息可比性促进了信息更早地融入股价，降低了证券分析师研究报告，甚至是证券分析师作为资本市场信息中介的市场价值，同时也降低了投资者对证券分析师研究报告的依赖度，这对证券分析师的能力提出了更高的要求，也影响了证券分析师行业的未来发展，证券分析师需要进一步提升行业专长，构建自己的核心价值。

第七章　结论、建议及展望

第一节　主要研究结论

会计信息可比性是会计信息的重要质量特征，其让相同的事项看起来相似，让不相同的事项看起来不同，这样方便对不同公司进行比较，而这个过程与决策过程一致，决策就是要在不同的方案中比较，从中选取一个最优的方案。因此会计信息可比性是与决策相关的质量特征，能够为投资者的决策服务。证券分析师是资本市场的信息中介，其通过发布有投资建议的研究报告，引导投资者的交易行为，从而发挥提高市场定价效率，促进信息融入股价的作用。证券分析师的研究报告中包含着证券分析师的各种决策和依据，因此会计信息可比性是与资本市场效率相关的重要研究话题。以往的研究探讨了更高的会计信息可比性对证券分析师关注度、盈余预测准确度和分歧度的影响，但更高的会计信息可比性如何影响证券分析师的乐观偏差、搜寻私有信息以及其市场价值等与资本市场效率相关的行为却没有研究。

本书通过对以上问题的研究，得到如下结论：

1. 更高的会计信息可比性降低证券分析师乐观偏差。

首先，更高的会计信息可比性能够显著降低证券分析师的乐观偏差。会计信息可比性提供的高质量的信息集，一方面让投资者更容易识别证券分析师的乐观倾向，提高证券分析师声誉成本，从而抑制证券分析师乐观偏差；另一方面让降低证券分析师以发布偏乐观研究报告交换私有信息的需求，从而减少乐观偏差。其次，更高的会计信息可比性对明星证券分析师乐观偏差的负向影响更加显著。相对于非明星证券分析师，明星证券分析师更看重个人的声誉，在会计信息可比性较高时，会主动减少发布偏乐观的研究报告。最后，更高的会计信息可比性在信息透明度低的公司中对证券分析师乐观偏差的负向影响更加显著。在信息透明度较低组，更高的会计信息可比性对信息质量的提升作用更大，抑制证券分析师乐观偏差的作用更明显；在信息透明度较高组，更高的会计信息可比性对信息质量的提升作用有限，对证券分析师乐观偏差的影响不明显。

2. 更高的会计信息可比性加大了证券分析师的实地调研行为。

首先，更高的会计信息可比性能够显著加大证券分析师实地调研的力度。在会计信息可比性高的公司，一方面可比公司的信息增加了被比较公司的信息集，增加了证券分析师对不一致信息的证伪需求，证券分析师需要通过搜寻私有信息来确定信息的真伪；另一方面行业内公司间信息的流动提升了其他信息使用者对公司的分析能力，缩小了证券分析师相对其他信息使用的比较优势，驱使证券分析师通过实地调研获取更多的私有信息以提高预测水平。其次，更高的会计信息可比性会强化机构投资者对证券分析师的信息需求。当机构投资者持股比例较高时，会计信息可比性给予证券分析师保持信息相对优势的压力更大，促使证券分析师进一步加大对机构重仓股票的实地调研；当机构投资者持股比例较低时，更高的会计信息可比性虽然降低了证券分析师研究报告的信息含量，但对其通过实地调研获取私有信息的压力则相对减弱。最后，更高的会计信息可比性增加了对管理层持股比例较高公司发布信息的证伪需求。出于利益的考虑，管理层持股越多，越有可能粉饰业绩，更高的会计信息可比性使得管理层的盈余管理行为更容易被发现，为了验证公开信息的可靠性，证券分析师会加大实地调研的频率；而在管理层持股比例较低的公司，管理层的盈余管理行为相对较少，更高的会计信息可比性对证券分析师实地调研的影响相对较小。

3. 更高的会计信息可比性降低了证券分析师评级调整的市场反应。

首先，更高的会计信息可比性降低了证券分析师研究报告评级调整的市场反应，会计信息可比性越高，证券分析师研究报告评级调整的信息含量越低，市场反应越弱。其次，会计信息可比性对信息处理的作用表现为去伪存真。会计信息可比性可以发挥信息的证伪功能，降低评级向下调整的市场反应，但不会对被证实信息补充其他信息，对评级向上调整的市场反应没有影响。最后，信息透明度会弱化更高的会计信息可比性降低证券分析师研究报告评级调整的市场反应的影响。只有在信息不透明的公司里，会计信息可比性才能显著减少证券分析师研究报告评级调整的信息含量，降低其市场反应。

第二节　研究启示和政策建议

本书的研究结论对于证券分析师、信息使用者以及监管部门都有一定的启示意义。

第一，就证券分析师而言，本书研究有利于证券分析师认识获取私有信息的正确方式，以及认清其市场价值受到外部信息环境改善带来的压力。当获取私有信息的收益大于成本时，证券分析师要加大与公司管理层的接触来获取私有信息，减少通过发布偏乐观研究报告交换私有信息的方式，这是因为第二种方式付出的成本更高；会计信息可比性的提高固然能对证券分析师的预测行为带来各种好处，但与此同时也提升了其他信息使用者对公司经营管理和未来发展的理解水平，让那些本来只有证券分析师凭借其行业专长才能获取的信息被其他信息使用者在公司财务报告中直接获取，证券分析师作为信息中介的功能被减弱。换言之，会计信息可比性的提高削弱了证券分析师在资本市场中信息中介的地位。证券分析师只有清醒认识到信息环境的变化对其相对信息优势的不利影响，才能有针对性地提升研究报告的信息含量，维持其信息中介的地位。

第二，就信息使用者而言，本书研究肯定了更高的会计信息可比性提升了其他信息使用者的分析能力，以及其在加快信息融入股价效率的作用。更高的会计信息可比性降低了对公司进行比较所需的专业知识和分析能力的门槛，让信息使用者可以在高可比性公司中获取额外信息，从而加深对经济事件向公司业绩转化过程的理解，更好地评估公司历史和当前的经济表现。因此，其他信息使用者能够在阅读公司财务报告后直接获取对公司基本面的判断，从而降低对证券分析师研究报告的依赖，更容易辨别证券分析师的乐观偏差，以及更早地将其他可比公司的增量信息融入公司股价中。本书研究认可了其他信息使用者对财务报告的理解能力、对证券分析师偏乐观报告的识别能力和在提高定价效率方面的作用，为其他信息使用者如何减少对证券分析师的依赖，抑制证券分析师的乐观偏差方面提供了借鉴。

第三，就监管机构而言，本书研究检验了会计信息可比性对整个资本市场的影响，有利于加大对会计信息可比性作用的重视。更高的会计信息可比性为资本市场带来了三个方面的好处：一是抑制了证券分析师发布偏乐观研究报告的行为，减少由于乐观偏差导致的股价高估，降低市场效率的损失；二是加大了证券分析师对私有信息的搜寻，将私有信息转变为公开信息，降低市场的信息不对称程度；三是加快信息转变为股价的效率，提高资本市场的定价效率。因此，监管层要更加重视会计信息可比性在资本市场中的作用，创造条件提高会计信息可比性，给信息使用者带来福利。本书研究从证券分析师行为的各个方面检验了会计信息可比性的作用，让监管层全面地认识到其带来的好处，为监管层能够抓住提高市场效率的关键，更好地改进资本市场制度提供了经验证据。

第三节　研究局限

一、本书研究的不足之处

本书探讨了会计信息可比性对证券分析师行为的影响，存在一些尚未改善的局限，主要体现在以下几点。

第一，内容问题。本书虽然研究了会计信息可比性对证券分析师乐观偏差、实地调研、研究报告市场反应的影响，但在阐述会计信息可比性发挥作用的机制时，用证券分析师的行业专长对信息的处理机制进行了比较，说明两者在横向和纵向的信息比较中有类似之处，并得出会计信息可比性减弱了证券分析师行业专长作用的结论。只是从理论上分析了提高会计信息可比性会降低证券分析师行业专长作用的发挥，并没有实证检验。

第二，数据问题。在对数据的整理中存在将多个观测转变成一个观测的情况。如，证券分析师的评级调整存在同一天有多个证券公司或者多个证券分析师对同一家公司发布评级的情况，本书参照之前文献的做法对同一天有多个评级的情况取评级数据的中位数，但对于证券公司排名和证券分析师声誉的取值问题没有前文文献可借鉴，本书采取的是在所有证券公司都是排名靠前或所有证券分析师都是明星证券分析师的情况下，取声誉值为1，否则取0。上述处理方法可能会在某种程度上对本书的研究结论的准确性产生影响。

第三，内生性问题。会计信息可比性对证券分析师行为的影响可能存在内生性问题。但由于会计信息可比性的度量采用的是t年（包括本年度）前16个季度的滚动平均数，因此自选择的问题相对不重要。在考虑会计信息可比性的影响时虽然采取了控制地区、公司固定效应以及工具变量法来控制没有观察到的同时与会计信息可比性与证券分析师行为相关的因素，但本书也不能完全排除内生性对研究结论的干扰。

二、未来的研究方向

对于未来研究的方向，有下述几个方面值得进一步探究。

第一，加强对会计信息可比性度量的研究。从会计信息可比性的文献研究中可以发现，其相对滞后于其他会计信息质量特征研究的原因在于其受到度量方法的限制，直到 De Franco et al.（2011）提出以会计系统衡量会计信息可比性后才开启了用实证方法研究可比性相关问题的大门。目前会计信息可比性的度量方法在逐渐丰富，未来可以继续加强对度量方法理论和技术方面的创新，并就度量方法的测度效果进行比较检验。

第二，加大对会计信息可比性在财务金融领域的研究。会计信息可比性经济后果的研究主要集中在对管理层、审计师行为的影响，证券分析师、投资者行为的影响，特别是对资本市场效率方面的影响研究较少。对会计信息可比性的决策辅助功能和信息监督功能的研究还不够，尤其对信息使用者决策机制影响的研究尚需加强。财务报告的目标是为使用者提供有用信息，帮助他们做出正确的投资决策，提高资源配置效率，未来可以进一步研究会计信息可比性的作用机理，更好地发挥会计信息可比性的作用。

第三，进行会计信息可比性对研究报告文本内容市场反应的研究。本书用评级调整的市场反应检验了会计信息可比性的影响，然而证券分析师研究报告中除了包含对目标公司的盈余预测、推荐评级等定量信息外，还包括对公司基本面的描述和对未来展望的论述，这些文本信息占据了研究报告绝大多数篇幅。近年来，来自实务界的访谈证据表明，相对于证券分析师研究报告中的定量预测数据，信息使用者更关注其中的文本信息，这些文本信息也具有信息含量。而行业内相似的公司之间，证券分析师的研究报告也应该有相似的文本信息，基于此，可以进一步研究会计信息可比性对研究报告文本信息市场反应的影响。

参考文献

[1] Abad D, Cutillas - Gomariz M F, Yague J. Does IFRS Mandatory Adoption Affect Information Asymmetry in the Stock Market. *Australian Accounting Review*, Vol. 28, No. 1, 2018, pp. 61 - 78.

[2] Abarbanell J S, B J Bushee. Fundamental Analysis, Future Earnings, and Stock Prices. *Journal of Accounting Research*, Vol. 35, No. 1, 1997, pp. 1 - 24.

[3] Agarwal, S, R Hauswald. Distance and Private Information in Lending. *The Review of Financial Studies*, Vol. 23, No. 7, 2010, pp. 2757 - 2788.

[4] Aisbitt S. Measurement of Harmony of Financial Reporting Within and Between Countries: The Case of the Nordic Countries. *European Accounting Review*, Vol. 10, No. 1, 2001, pp. 51 - 72.

[5] Ali M J. A Synthesis of Empirical Research on International Accounting Harmonization and Compliance with International Financial Accounting Standards. *Journal of Accounting Literature*, Vol. 24, 2005, pp. 1 - 52.

[6] Altinkilic O, Hansen R S. On the Information Role of Stock Recommendation Revisions. *Journal of Accounting Economics*, Vol. 48, No. 1, 2009, pp. 17 - 36.

[7] Archer S, Delvaille P, McLeay S. The Measurement of Harmonization and the Comparability of Financial Statement Items: Within - Country and Between - Country Effects. *Accounting and Business Research*, Vol. 25, No. 98, 1995, pp. 67 - 80.

[8] Armstrong C S, M E Barth, A D Jagolinzer, E J Riedl. Market Reaction to the Adoption of IFRS in Europe. *The Accounting Review*, Vol. 85, No. 1, pp. 31 - 61.

[9] Ashbaugh H, Pincus M. Domestic Accounting Standards, International Accounting Standards, and the Predictability of Earnings. *Journal of Accounting Research*, Vol. 39, 2001, pp. 417 - 434.

[10] Bae K, H Tan, M Welker. International GAAP Differences: The Impact

on Foreign Analysts. *The Accounting Review*, Vol. 83, No. 3, 2008, pp. 593 –628.

[11] Bae K, Stulz R M, Tan H. Do local Analysts Know More? Across – Country Study of the Performance of Local Analysts and Foreign Analysts. *Journal of Financial Economics*, Vol. 88, 2008, pp. 581 –606.

[12] Banz R W. The Relationship Between Return and Market Value of Common – Stocks. *Journal of Financial Economics*, Vol. 9, No. 1, 1981, pp. 3 –18.

[13] Barber B, Lehavy R, McNichols M. Can Investors Profit from the Prophets? Security Analyst Recommendations and Stock Returns. *The Journal of Finance*, Vol. 56, No. 2, 2001, pp. 531 –563.

[14] Barron O E, D Byard, O Kim. Changes in Analysts' Information around Earnings Announcements. *The Accounting Review*, Vol. 10, 2022, pp. 821 –846.

[15] Barron, O E, O Kim, S C Lim, D E Stevens. Using Analysts' Forecasts to Measure Properties of Analysts' Information Environment. *The Accounting Review*, Vol. 73, No. 4, 1998, pp. 421 –433.

[16] Barth M E, Landsman W R, Lang M, Williams C. Are IFRS – Based and US GAAP – Based Accounting Amounts Comparable. *Journal of Accounting and Economics*, Vol. 54, No. 1, 2012, pp. 68 –93.

[17] Bergstresser D, Phillippon T. CEO Incentives and Earnings Management. *Journal of Financial Economics*, Vol. 80, No. 3, 2006, pp. 511 –529.

[18] Bjerring J H, Lakonishok J, Vermaelen T. Stock Prices and Financial Analysts' Recommendations. *The Journal of Finance*, Vol. 38, No. 1, 1983, pp. 187 –204.

[19] Bowen, R M, A K Davis, D A Matsumoto. Do Conference Calls Affect Analysts' Forecasts. *The Accounting Review*, Vol. 77, No. 2, 2002, pp. 285 –316.

[20] Bradshaw M T, Miller G S. Accounting Choice, Home Bias, and US Investment in Non – US Firms. *Journal of Accounting Research*, Vol. 42, No. 5, 2004, pp. 795 –841.

[21] Bradshaw M T, Richardson S A, Sloan R G. The Relation Between Corporate Financing Activities, Analysts' Forecasts and Stock Returns. *Journal of Accounting and Economics*, Vol. 42, No. 1 –2, 2006, pp. 53 –85.

[22] Brochet F, Jagolinzer A D, Riedl E J. Mandatory IFRS Adoption and Financial Statement Comparability. *Contemporary Accounting Research*, Vol. 30, No. 4, 2013, pp. 1373 – 1400.

[23] Brown L D, Call A C, Clement M B, Sharp N Y. Inside the "Black Box" of Sell – Side Financial Analysts. *Journal of Accounting Research*, Vol. 53, No. 1, 2015, pp. 1 – 47.

[24] Bushee B J, Jung M J, Miller G S. Conference Presentations and the Disclosure Milieu. *Journal of Accounting Research*, Vol. 49, No. 5, 2011, pp. 1163 – 1192.

[25] Bushee B J, Matsumoto D A, Miller G S. Open Versus Closed Conference Calls: The Determinants and Effects of Broadening Access to Disclosure. *Journal of Accounting and Economics*, Vol. 34, No. 1, 2003, pp. 149 – 180.

[26] Bushman R M. Public Disclosure and the Structure of Private Information Markets. *Journal of Accounting Research*, Vol. 29, 1991, pp. 261 – 276.

[27] Bushman R M, Piotroski J D, Smith A J. What Determines Corporate Transparency. *Journal of Accounting Research*, Vol. 42, No. 2, 2004, pp. 207 – 252.

[28] Byard D, Mashruwala S, Suh J. Does the 20 – F Reconciliation Affect Investors' Perception of Comparability Between Foreign Private Issuers and US Firms. *Accounting Horizons*, Vol. 31, No. 2, 2017, pp. 1 – 23.

[29] Campbell J L, Yeung P E. Earnings Comparability, Accounting Similarities, and Stock Returns: Evidence from Peer Firms' Earnings Restatements. *Journal of Accounting, Auditing and Finance*, Vol. 32, No. 4, 2017, pp. 480 – 509.

[30] Cascino S, Gassen J. What Drives the Comparability Effect of Mandatory Ifrs Adoption. *Review of Accounting Studies*, Vol. 20, No. 1, 2015, pp. 242 – 282.

[31] Chan L K, N Jegadeesh, J Lakonishok. Momentum Strategies. *Journal of Finance*, Vol. 51, No. 5, 1996, pp. 1681 – 1713.

[32] Chan L K C, Karceski J, Lakonishok J. Analysts' Conflict of Interest and Biases in Earnings Forecasts. *Journal of Financial and Quantitative Analysis*, Vol. 42, No. 4, 2007, pp. 893 – 913.

[33] Chen C, Young D, Zhuang Z. Externalities of Mandatory Ifrs Adoption: Evidence from Cross – Border Spillover Effects of Financial Information on Investment

Efficiency. *The Accounting Review*, Vol. 88, No. 3, 2013, pp. 881 –914.

[34] Chen C W, Collins D, Kravet T, Mergenthaler R. Financial Statement Comparability and the Efficiency of Acquisition Decisions. *Contemporary Accounting Research*, Vol. 35, No. 4, 2018, pp. 164 –202.

[35] Chen Q, Jiang W. Analysts' Weighting of Private and Public Information. *The Review of Financial Studies*, Vol. 19, 2006, pp. 319 –355.

[36] Chen S, D A Matsumoto. Favorable Versus Unfavorable Recommendations: The Impact on Analyst Access to Management – provided Information. *Journal of Accounting Research*, Vol. 44, No. 4, 2006, pp. 657 –689.

[37] Chen X, Cheng Q, Lo K. On the Relationship Between Analyst Reports and Corporate Disclosures: Exploring the Roles of Information Discovery and Interpretation. *Journal of Accounting and Economics*, Vol. 49, 2010, pp. 206 –226.

[38] Cheng J C, Wu R S. Internal Capital Market Efficiency and the Diversification Discount: the Role of Financial Statement Comparability. *Journal of Business Finance and Accounting*, Vol. 45, 2018, pp. 572 –603.

[39] Cheng Q, Du F, Wang BYT, Wang X. Do Corporate Site Visits Impact Stock Prices. *Contemporary Accounting Research*, Vol. 36, No. 1, 2019, pp. 359 –388.

[40] Cheng Q, Du F, Wang X, Wang Y. Seeing is Believing: Analysts' Corporate Site Visits. *Review of Accounting Studies*, Vol. 21, No. 4, 2016, pp. 1245 –1286.

[41] Cheng Q, Warfield T. Equity Incentives and Earnings Management. *The Accounting Review*, Vol. 80, No. 2, 2005, pp. 441 –476.

[42] Christophe S E, Ferri M G, Hsieh J. Informed Trading Before Analyst Downgrades: Evidence from Short Sellers. *Journal of Financial Economics*, Vol. 95, No. 1, 2010, pp. 85 –106.

[43] Ciccone S. Does Analyst Optimism about Future Earnings Distort Stock Prices. *The Journal of Behavioral Finance*, Vol. 4, No. 2, 2003, pp. 59 –64.

[44] Clement M B, Tse S Y. Financial Analyst Characteristics and Herding Behavior in Forecasting. *Journal of Finance*, Vol. 60, No. 1, 2005, pp. 307 –341.

[45] Cowen A, Groysberg B, Healy P. Which Type of Analyst Firms are More Optimistic. *Journal of Accounting and Economics*, Vol. 41, No. 1 – 2,

2006, pp. 119 - 146.

[46] Das S, Levine C B, Sivaramakrishnan K, Earnings Predictability and Bias in Analysts' Earnings Forecasts. *Accounting Review*, Vol. 73, No. 2, 1998, pp. 277 - 294.

[47] Dechow P M, Hutton A P, Sloan R G. The Relation Between Analysts' Forecasts of Long - Term Earnings Growth and Stock Price Performance Following Equity Offerings. *Contemporary Accounting Research*, Vol. 17, No. 1, 2000, pp. 1 - 32.

[48] DeFond M, X Hu, M Hung, S Li. The Impact of Mandatory IFRS Adoption on Foreign Mutual Fund Ownership: The Role of Comparability. *Journal of Accounting and Economics*, Vol. 51, No. 3, 2011, pp. 240 - 258.

[49] De Franco G, S P Kothari, R S Verdi. The Benefits of Financial Statement Comparability. *Journal of Accounting Research*, Vol. 49, No. 4, 2011, pp. 895 - 931.

[50] Ding D K, Charoenwong C, Seetoh R. Prospect Theory, Analyst Forecasts, and Stock Returns. *Journal of Multinational Financial Management*, Vol. 14, No. 4, 2004, pp. 425 - 442.

[51] Easterwood J C, Nutt S R. Inefficiency in Analysts' Earnings Forecasts: Systematic Misreaction on Systematic Optimism. *The Journal of Finance*, Vol. 54, No. 5, 1999, pp. 1777 - 1797.

[52] Fama E F. Efficient Capital Markets: a Review of Theory and Empirical Work. *Journal of Finance*, Vol. 25, 1970, pp. 383 - 417.

[53] Fang L, Yasuda A. The Effectiveness of Reputation As a Disciplinary Mechanism in Sell - Side Research. *Review of Financial Studies*, Vol. 22, No. 9, 2009, pp. 3735 - 3777.

[54] Fang V W, Maffett M, Zhang B. Foreign Institutional Ownership and the Global Convergence of Financial Reporting Practices. *Journal of Accounting Research*, Vol. 53, No. 3, 2015, pp. 593 - 631.

[55] Fang X, Li Y, Xin B, Zhang W. Financial Statement Comparability and Debt Contracting: Evidence from the Syndicated Loan Market. *Accounting Horizons*, Vol. 30, No. 2, 2016, pp. 277 - 303.

[56] Filatotchev I, Nakajima C. Corporate Governance, Responsible Managerial Behavior, and Corporate Social Responsibility: Organizational Efficiency Versus Organizational Legitimacy. *Academy of Management Perspectives*, Vol. 28, No. 3, 2014, pp. 289 – 306.

[57] Firth M. The Impact of Earnings Announcements on the Share Price Behaviour of Similar Type Firms. *Economic Journal*, Vol. 86, No. 342, 1976, pp. 296 – 306.

[58] Francis J, Philbrick D. Analysts' Decisions as Products of a Multi – Task Environment, *Journal of Accounting Research*, Vol. 31, No. 2, 1993, pp. 216 – 230.

[59] Francis J, Soffer L. The Relative Informativeness of Analysts' Stock Recommendations and Earnings Forecast Revisions. *Journal of Accounting Research*, Vol. 35, No. 2, 1997, pp. 193 – 211.

[60] Francis J R, Pinnuck M, Watanabe O. Auditor Style and Financial Statement Comparability. *The Accounting Review*, Vol. 89, No. 2, 2014, pp. 605 – 633.

[61] Frankel R, Li X. Characteristics of a Firm's Information Environment and the Information Asymmetry Between Insiders and Outsiders. *Journal of Accounting and Economics*, Vol. 37, No. 2, 2004, pp. 229 – 259.

[62] Frederickson, JamesR, Leon Z. Competing Earnings Announcements: Which Announcement Do Investors Process First. *The AccountingReview*, Vol. 91, No. 2, pp. 441 – 462.

[63] George E T D, Li X, Shivakumar L. A Review of the IFRS Adoption Literature. *Review of Accounting Studies*, Vol. 21, No. 3, 2016, pp. 898 – 1004.

[64] Gleason C A, Lee C M C. Analyst Forecast Revisions and Market Price Discovery. *Accounting Review*, Vol. 78, No. 1, 2003, pp. 193 – 225.

[65] Green, T. C. The Value of Client Access to Analyst Recommendations. *Journal of Financial and Quantitative Analysis*, Vol. 41, No. 1, 2006, pp. 1 – 24.

[66] Green, T C, R Jame, S Markov, M Subasi. Access to Management and Informativeness of Analyst Research. *Journal of Financial Economics*, Vol. 114, No. 2, 2014, pp. 239 – 255.

[67] Gu Z Y, Li Z Q, Yang Y G. Monitors or Predators: The Influence of Institutional Investors on Sell – Side Analysts. *Accounting Review*, Vol. 88, No. 1,

2013, pp. 137 - 169.

[68] Gu Z Y, Li Z Q, Yang Y G, Li G Q. Friends in Need are Friends Indeed: An Analysis of Social Ties Between Financial Analysts and Mutual Fund Managers. *Accounting Review*, Vol. 94, No. 1, 2019, pp. 153 - 181.

[69] Gu Z Y, Xue J. The Superiority and Disciplining Role of Independent Analysts. *Journal of Accounting and Economics*, Vol. 45, No. 2 - 3, 2008, pp. 289 - 316.

[70] Hayes R M. The Impact of Trading Commission Incentives on Analysts' Stock Coverage Decisions and Earnings Forecasts. *Journal of Accounting Research*, Vol. 36, No. 2, 1998, pp. 299 - 320.

[71] He J J, Tian X. The Dark Side of Analyst Coverage: The Case of Innovation. *Journal of Financial Economics*, Vol. 109, No. 3, 2013, pp. 856 - 878.

[72] Healy P M, Palepu K G. Information Asymmetry, Corporate Disclosure, and the Capital Markets: A Review of the Empirical Disclosure Literature. *Journal of Accounting and Economics*, Vol. 31, No. 1 - 3, 2001, pp. 405 - 440.

[73] Hodder L, Hopkins P E, Wood D A. The Effects of Financial Statement and Informational Complexity on Analysts' Cashflow Forecasts. *The Accounting Review*, Vol. 83, 2008, pp. 915.

[74] Hong H, Lim T, Stein J C. Bad News Travels Slowly: Size, Analyst Coverage, and the Profitability of Momentum Strategies. *The Journal of Finance*, Vol. 55, No. 1, 2000, pp. 265 - 295.

[75] Hong H, Kacperczyk M. Competition and Bias. *Quarterly Journal of Economics*, Vol. 125, No. 4, 2010, pp. 1683 - 1725.

[76] Hong H, Kubik J. Analyzing the Analysts: Career Concerns and Biased Earnings Forecasts. *The Journal of Finance*, Vol. 58, 2003, pp. 313 - 351.

[77] Horton J, Serafeim G, Serafeim I. Does Mandatory IFRS Adoption Improve the Information Environment. *Contemporary Accounting Research*, Vol. 30, No. 1, 2013, pp. 388 - 423.

[78] Huang A H, Zang A Y, Zheng R. Evidence on the Information Content of Text in Analyst Reports. *The Accounting Review*, Vol. 89, No. 6, 2014, pp. 2151 - 2180.

[79] Huyghebaert N, Xu W. Bias in the Post - Ipo Earnings Forecasts of Affil-

iated Analyst: Evidence from a Chinese Natural Experiment. *Journal of Accounting and Economica*, Vol. 61, No. 2 – 3, 2016, pp. 485 – 505.

[80] Imhof M J, Seavey S E, Smith D B. Comparability and Cost of Equity Capital. *Accounting Horizons*, Vol. 31, No. 2, 2017, pp. 125 – 138.

[81] Irvine P J. Analyst' Forecasts and Brokerage – Firm Trading. *The Accounting Review*, Vol. 79, No. 1, 2004, pp. 125 – 150.

[82] Ivkovic Z, Jegadeesh N. The Timing and Value of Forecast and Recommendation Revisions. *Journal of Financial Economics*, Vol. 73, No. 3, 2004, pp. 433 – 463.

[83] Jackson A R. Trade Generation, Reputation, and Sell – Side Analysts. *The Journal of Finance*, Vol. 60, No. 2, 2005, pp. 673 – 717.

[84] James C, Karceski J. Strength of Analyst Coverage Following IPOs. *Journal of Financial Economics*, Vol. 82, No. 1, 2006, pp. 1 – 34.

[85] Jegadeesh N, Kim J, Krische S D, Lee C M C. Analyzing the Analysts: When Do Recommendations Add Value. *Journal of Finance*, Vol. 59, No. 3, 2004, pp. 1083 – 1124.

[86] Jegadeesh N, Kim W. Value of Analyst Recommendations: International Evidence. *Journal of Financial Markets*, Vol. 9, No. 3, 2006, pp. 274 – 309.

[87] John L C, Yeung P E. Earnings Comparability, Accounting Similarities, and Stock Returns: Evidence from Peer Firms' Earnings Restatements. *Journal of Accounting, Auditing &Finance*, Vol. 32, No. 4, 2017, pp. 480 – 509.

[88] Kang M, Jin W K, Lee H Y, Lee M G. Financial Statement Comparability and Audit Efficiency: Evidence from South Korea. *Applied Economics*, Vol. 47, No. 4, 2015, pp. 358 – 373.

[89] Ke B, Yu Y. The Effect of Issuing Biased Earnings Forecasts on Analysts' Access to Management and Survival. *Journal of Accounting Research*, Vol. 44, No. 5, 2006, pp. 965 – 999.

[90] Ke Y, Lo K, Sheng J, Zhang J L. Does Short Selling Improve Analyst Forecast Quality. SSRN Working Paper, 2018.

[91] Kim J B, Li L, Lu L Y, Yu Y. Financial Statement Comparability and

Expected Crash Risk. *Journal of Accounting and Economics*, Vol. 61, No. 2 - 3, 2016, pp. 294 - 312.

[92] Kim S, Kraft P, Ryan S G. Financial Statement Comparability and Credit Risk. *Review of Accounting Studies*, Vol. 18, No. 3, 2013, pp. 783 - 823.

[93] Kimbrough M D. The Effect of Conference Calls on Analyst and Market Underreaction to Earnings Announcements. *The Accounting Review*, Vol. 80, No. 1, 2005, pp. 189 - 219.

[94] Koo D S, J Julie Wu, P E Yeung. Earnings Attribution and Information Transfers. *Contemporary Accounting Research*, Vol. 34, No. 3, 2017, pp. 1547 - 1579.

[95] Lang M H, Lundholm R J. Corporate Disclosure Policy and Analyst Behavior. *Accounting Review*, Vol. 71, No. 4, 1996, pp. 467 - 492.

[96] Lang M, Stice - Lawrence L. Textual Analysis and International Financial Reporting: Large Sample Evidence. *Journal of Accounting and Economics*, Vol. 60, No. 2, 2015, pp. 110 - 135.

[97] Langberg N, Sivaramakrishnan K. Voluntary Disclosures and Information Production by Analysts. *Journal of Accounting and Economics*, Vol. 46, 2008, pp. 78 - 100.

[98] Lee C M C. Market efficiency and Accounting Research: A Discussion of "Capital Market Research in Accounting" By SP Kothari. *Journal of Accounting and Economics*, Vol. 31, No. 1, 2001, pp. 233 - 253.

[99] Leisenring J, T Linsmeier, K Schipper, E Trott. Business - model (intent) - based Accounting. *Accounting and Business Research*, Vol. 42, No. 3, 2012, pp. 329 - 344.

[100] Li S. Does Mandatory Adoption of International Financial Reporting Standards in the European Union Reduce the Cost of Equity Capital. *The Accounting Review*, Vol. 85, No. 2, 2010, pp. 607 - 6.

[101] Liao Q, Sellhorn T, Skaife H A. The Cross - Country Comparability of IFRS Earnings and Book Values: Evidence from France and Germany. *Journal of International Accounting Research*, Vol. 11, No. 1, 2012, pp. 155 - 184.

[102] Libby R, Hun - Tong T, Hunton J E. Does the form of Management's

Earnings Guidance Affect Analysts' Earnings Forecasts. *The Accounting Review*, Vol. 81, 2006, pp. 207 – 225.

[103] Lim T. Rationality and Analysts' Forecast Bias. *Journal of Finance*, Vol. 56, No. 1, 2001, pp. 369 – 385.

[104] Lin H W, Mcnichols M F. Underwriting Relationships, Analyst's Earning Forecasts, and Investment Recommendations. *Journal of Accounting and Economics*, Vol. 25, No. 1, 1998, pp. 101 – 127.

[105] Loh R K, Stulz R M. When Are Analyst Recommendation Changes Influential. *Review of Financial Studies*, Vol. 24, No. 2, 2011, pp. 593 – 627.

[106] Lundholm RJ. Price – signal Relations in the Presence of Correlated Public and Private Information. *Journal of Accounting Research*, Vol. 26, No. 1, 1988, pp. 107 – 118.

[107] Matsumoto M, Pronk M, Roelofsen E. What Makes Conference Calls Useful? The Information Content of Managers` Presentations and Analysts' Discussion Sessions. *The Accounting Review*, Vol. 86, No. 4, 2011, pp. 1383 – 1414.

[108] Mcnichols M, O'Brien P C. Self – selection and Analyst Coverage. *Journal of Accounting Research*, Vol. 35, No. 4, 1997, pp. 167 – 199.

[109] Merkley, Kenneth, R Michaely, Joseph P. Does the Scope of the Sell – Side Analyst Industry Matter? An Examination of Bias, Accuracy, and Information Content of Analyst Reports. *The Journal of Finance*, Vol. 72, No. 3, pp. 1285 – 1334.

[110] Michaely R, Womack K L. Conflict of Interest and the Credibility of Underwriter Analyst Recommendations. *Review of Financial Studies*, Vol. 12, No. 4, 1999, pp. 653 – 686.

[111] Mikhail M B, Walther B R, Willis R H. Do Security Analysts Exhibit Persistent Differences in Stock Picking Ability. *Journal of Financial Economics*, Vol. 74, No. 1, 2004, pp. 67 – 91.

[112] Mola S, M Guidolin. Affiliated Mutual Funds and Analyst Optimism. *Journal of Financial Economics*, Vol. 93, No. 1, 2009, pp. 108 – 137.

[113] Mukai I. IFRS Application and the Comparability of Financial Statements. *Journal of Accounting and Finance*, Vol. 17, No. 5, 2017, pp. 52 – 63.

[114] Neel M. Accounting Comparability and Economic Outcomes of Mandatory IFRS Adoption. *Contemporary Accounting Research*, Vol. 34, No. 1, 2017, pp. 658 - 690.

[115] O'Brien P C, McNichols M F, Lin H W. Analyst Impartiality and Investment Banking Relationships. *Journal of Accounting Research*, Vol. 43, No. 4, 2005, pp. 623 - 650.

[116] Peterson K, Schmardebeck R, Wilks T J. The Earnings Quality and Information Processing Effects of Accounting Consistency. *The Accounting Review*, Vol. 90, No. 6, 2015, pp. 2483 - 2514.

[117] Roberts J, Sanderson P, Barker R, Hendry J. In the Mirror of the Market: The Disciplinary Effects of Company / Fund Manager Meetings. *Accounting Organizations and Society*, Vol. 31, No. 3, 2006, pp. 277 - 294.

[118] Scherbina A. Suppressed Negative Information and Future Underperformance. *Review of Finance*, Vol. 12, No. 3, 2008, pp. 533 - 565.

[119] Simmons J K. A Concept of Comparability in Financial Reporting. *The Accounting Review*, Vol. 42, No. 2, 1967, pp. 680 - 692.

[120] Sohn B C. The Effect of Accounting Comparability on the Accrual - Based and Real Earnings Management. *Journal of Accounting and Public Policy*, Vol. 35, No. 5, 2016, pp. 513 - 539.

[121] Stickel S E. Predicting Individual Analyst Earnings Forecasts. *Journal of Accounting Research*, 1990, pp. 409 - 417.

[122] Stickel S E. Common - stock Returns Surrounding Earnings Forecast Revisions - More Puzzling Evidence. *Accounting Review*, Vol. 66, No. 2, 1991, pp. 402 - 416.

[123] Stickel S E. Reputation and Performance Among Security Analysts. *Journal of Finance*, Vol. 47, No. 5, 1992, pp. 1811 - 1836.

[124] Stickel S E. The Anatomy of the Performance of Buy and Sell Recommendations. *Financial Analysts Journal*, Vol. 51, No. 5, 1995, pp. 25 - 39.

[125] Taplin R A. Unified Approach to the Measurement of International Accounting Harmony. *Accounting and Business Research*, Vol. 34, No. 1, 2004,

pp. 57 –73.

[126] Taplin R. The Measurement of Comparability in Accounting Research. *Abacus*, Vol. 47, No. 3, 2011, pp. 383 –409.

[127] Van der Tas, L G. Measuring Harmonization of Financial Reporting Practice. *Accounting and Business Research*, Vol. 18, No. 70, 1988, pp. 157 –169.

[128] Verrecchia R E. Information Acquisition in a Noisy Rational Expectations Economy. *Econometrica*, Vol. 50, 1982, pp. 1415 –1430.

[129] Wang C. Accounting Standards Harmonization and Financial Statement Comparability: Evidence from Transnational Information Transfer. *Journal of Accounting Research*, Vol. 52, No. 4, 2014, pp. 955 –992.

[130] Wang Z, Tan J, Lin Z, Dong C. Auditor Quality and IFRS Information Comparability. *Academy of Accounting and Financial Studies Journal*, Vol. 20, No. 1, 2016, pp. 114 –129.

[131] Wang Z, Tan Y, Lu J, Wei J. Legal environments and Accounting Information Comparability. *Journal of Accounting and Finance*, Vol. 16, No. 4, 2016, pp. 28 –38.

[132] Ward C L, Lowe S K. Cultural Impact of International Financial Reporting Standards on the Comparability of Financial Statements. *International Journal of Business, Accounting and Finance*, Vol. 11, No. 1, 2017, pp. 46 –56.

[133] Womack, Kent L. Do Brokerage Analysts' Recommendations Have Investment Value. *The Journal of Finance*, Vol. 51, No. 1, 1996, pp. 137 –167.

[134] Wurgler J. Financial Markets and the Allocation of Capital. *Journal of Financial Economics*, Vol. 58, No. 1 –2, 2000, pp. 187 –214.

[135] Xu N, Chan K C, Jiang X, Yi Z. Do Star Analysts Know More Firm – Specific Information? Evidence from China. *Journal of Banking &Finance*, Vol. 37, No. 1, 2013, pp. 89 –102.

[136] Xu N, Jiang X, Chan K C, Yi Z. Analyst coverage, optimism, and Stock Price Crash Risk: Evidence from Chia. *Pacific – Basin Finance Journal*, Vol. 25, 2013, pp. 217 –239.

[137] Yip R W Y, Young D. Does mandatory IFRS Adoption Improve Informa-

tion Comparability. *The Accounting Review*, Vol. 87, No. 5, 2012, pp. 1767 – 1789.

[138] Young S, Zeng Y. Accounting Comparability and the Accuracy of Peer – Based Valuation Models. *The Accounting Review*, Vol. 90, No. 6, 2015, pp. 2571 – 2601.

[139] Yu G, A S Wahid. Accounting Standards and International Portfolio Holdings. *The Accounting Review*, Vol. 89, No. 5, 2014, pp. 1895 – 1930.

[140] Zeff S A. The Evolution of the IASC into the IASB, and the Challenges it Faces. *The Accounting Review*, Vol. 87, No. 3, 2012, pp. 807 – 837.

[141] Zhang J H. Accounting Comparability, Audit Effort, and Audit Outcomes. *Contemporary Accounting Research*, Vol. 35, No. 1, 2018, pp. 245 – 276.

[142] Barth M E:“财务报告的全球可比性 – 是什么、为什么、如何做以及何时实现”,《会计研究》,2013 年第 5 期。

[143] 蔡庆丰、杨侃:“是谁在‘捕风捉影’:机构投资者 VS 证券分析师——基于 A 股信息交易者信息偏好的实证研究”,《金融研究》,2013 年第 6 期。

[144] 蔡卫星、曾诚:“公司多元化对证券分析师关注度的影响——基于证券分析师决策行为视角的经验分析”,《南开管理评论》,2010 年第 4 期。

[145] 曹强、胡南薇、陈乐乐:“审计师流动与财务报告可比性——基于中国会计师事务所合并的经验证据”,《会计研究》,2016 年第 10 期。

[146] 曹胜、朱红军:“王婆贩瓜:券商自营业务与证券分析师乐观性”,《管理世界》,2011 年第 7 期。

[147] 曹新伟、洪剑峭、贾琬娇:“证券分析师实地调研与资本市场信息效率:基于股价同步性的研究”,《经济管理》,2015 年第 8 期。

[148] 陈小林、孔东民:“机构投资者信息搜寻、公开信息透明度与私有信息套利”,《南开管理评论》,2012 年第 1 期。

[149] 陈玥、江轩宇:“会计信息可比性能够降低审计收费吗——基于信息环境与代理问题的双重分析”,《审计研究》,2017 年第 2 期。

[150] 程小可、李昊洋、高升好:“机构投资者调研与管理层盈余预测方式”,《管理科学》,2017 年第 1 期。

[151] 褚剑、秦璇、方军雄:“中国式融资融券制度安排与证券分析师盈利预测乐观偏差”,《管理世界》,2019 年第 1 期。

［152］方红星、张勇、王平："法制环境、供应链集中度与公司会计信息可比性"，《会计研究》，2017 年第 7 期。

［153］方军雄："我国上市公司信息披露透明度与证券分析师预测"，《金融研究》，2017 年第 6 期。

［154］方军雄、伍琼、傅颀："有限注意力、竞争性信息与证券分析师评级报告市场反应"，《金融研究》，2018 年第 7 期。

［155］冯旭南："承销关系影响证券分析师行为吗——来自证券分析师荐股和预测活动的证据"，《中国会计评论》，2012 年第 4 期。

［156］葛家澍、陈朝琳："财务报告概念框架的新篇章——评美国 FASB 第 8 号概念公告（2010 年 9 月）"，《会计研究》，2011 年第 3 期。

［157］郭杰、洪洁瑛："中国证券分析师的盈余预测行为有效性研究"，《经济研究》，2009 年第 11 期。

［158］洪剑峭、王瑞、陈长松："证券分析师盈余预测准确性与投资评级的效率——基于中国证券市场的实证分析"，《投资研究》，2012 年第 8 期。

［159］胡奕明、林文雄、王玮璐："证券分析师的信息来源、关注域与分析工具"，《金融研究》，2003 年第 12 期。

［160］姜国华："关于证券分析师对中国上市公司会计收益预测的实证研究"，《经济科学》，2004 年第 6 期。

［161］江轩宇："会计信息可比性与股价崩盘风险"，《投资研究》，2015 年第 12 期。

［162］江轩宇、申丹琳、李颖："会计信息可比性影响公司创新吗"，《南开管理评论》，2017 年第 4 期。

［163］李春涛、徐鑫、李万峰："证券分析师评级有效性研究：中国 A 股市场的证据"，《浙江社会科学》，2014 年第 9 期。

［164］李丹、袁淳、廖冠民："卖空机制与证券分析师性乐观偏差"，《会计研究》，2019 年第 9 期。

［165］李丽青："新财富评选的最佳证券分析师可信吗——基于盈利预测准确度和预测修正市场反应的经验证据"，《投资研究》，2012 年第 7 期。

［166］李延喜、包世泽、高锐、孔宪京："薪酬激励、董事会监管与上市公司盈余管理"，《南开管理评论》，2007 年第 10 期。

[167] 李志生、李好、马伟力、林秉旋："融资融券交易的信息治理效应"，《经济研究》，2017 年第 11 期。

[168] 林小驰、欧阳婧、岳衡："谁吸引了海外证券分析师的关注"，《金融研究》，2007 年第 1 期。

[169] 刘睿智、刘志恒、胥朝阳："主并公司会计信息可比性与股东长期财富效应"，《会计研究》，2015 年第 11 期。

[170] 潘越、戴亦一、刘思超："我国承销商利用证券分析师报告托市了吗"，《经济研究》，2011 年第 3 期。

[171] 谭松涛、崔小勇："上市公司调研能否提高证券分析师预测精度"，《世界经济》，2015 年第 4 期。

[172] 谭跃、钟子英、管总平："公平信息披露规则能缓解证券分析师的利益冲突吗"，《南开管理评论》，2013 年第 4 期。

[173] 汪炜、蒋高峰："信息披露、透明度与资本成本"，《经济研究》，2004 年第 7 期。

[174] 王攀娜、罗宏："放松卖空管制对证券分析师预测行为的影响——来自中国准自然实验的证据"，《金融研究》，2017 年第 11 期。

[175] 王燕："中国股票市场公开信息与私有信息的互补效应"，《金融研究》，2006 年第 6 期。

[176] 王玉涛、陈晓、侯宇："国内证券分析师的信息优势：地理邻近性还是会计准则差异"，《会计研究》，2010 年第 12 期。

[177] 吴超鹏、郑方镳、杨世杰："证券分析师的盈余预测和股票评级是否具有独立性"，《经济学（季刊）》，2013 年第 3 期。

[178] 吴东辉、薛祖云："财务证券分析师盈利预测的投资价值：来自深沪 A 股市场的证据"，《会计研究》，2005 年第 8 期。

[179] 吴偎立、张峥、乔坤元："信息质量、市场评价与激励有效性——基于《新财富》最佳证券分析师评选的证据"，《经济学（季刊）》，2016 年第 2 期。

[180] 伍燕然、潘可、胡松明、江婕："行业证券分析师盈利预测偏差的新解释"，《经济研究》，2012 年第 4 期。

[181] 肖斌卿、彭毅、方立兵、胡辰："上市公司调研对投资决策有用

吗”，《南开管理评论》，2017 年第 1 期。

［182］谢盛纹、刘杨晖：“审计师变更、前任审计师任期和会计信息可比性”，《审计研究》，2016 年第 2 期。

［183］胥朝阳、刘睿智：“提高会计信息可比性能抑制盈余管理吗”，《会计研究》，2014 年第 7 期。

［184］徐欣、唐清泉：“财务证券分析师跟踪与公司 R&D 活动——来自中国证券市场的研究”，《金融研究》，2010 年第 12 期。

［185］徐媛媛、洪剑峭、曹新伟：“我国上市公司特征与证券分析师实地调研”，《投资研究》，2015 年第 1 期。

［186］许年行、江轩宇、伊志宏、徐信忠：“证券分析师利益冲突、乐观偏差与股价崩盘风险”，《经济研究》，2012 年第 7 期。

［187］薛祖云、王冲：“信息竞争抑或信息补充：证券分析师的角色扮演——基于我国证券市场的实证分析”，《金融研究》，2011 年第 11 期。

［188］杨金凤、陆建桥、王文慧：“我国会计师事务所合并的整合效果研究——以会计信息可比性为视角”，《会计研究》，2017 年第 6 期。

［189］杨青、吉赟、王亚男：“高铁能提升证券分析师盈余预测的准确度吗”，《金融研究》，2019 年第 3 期。

［190］伊志宏、江轩宇：“明星 VS 非明星：证券分析师评级调整与信息属性”，《经济理论与经济管理》，2013 年第 10 期。

［191］易阳、戴丹苗、彭维瀚：“会计准则趋同、制度环境与财务报告可比性——基于 A 股与 H 股、港股比较的经验证据”，《会计研究》，2017 年第 7 期。

［192］袁知柱、吴粒：“会计信息可比性与公司应计及真实盈余管理行为选择”，《中国会计评论》，2015 年第 4 期。

［193］原红旗、黄倩茹：“承销商证券分析师与非承销商证券分析师预测评级比较研究”，《中国会计评论》，2007 年第 3 期。

［194］曾颖、陆正飞：“信息披露质量与股权融资成本”，《经济研究》，2006 年第 2 期。

［195］张然、汪荣飞、王胜华：“分析师修正信息、基本面分析与未来股票收益”，《金融研究》，2017 年第 7 期。

［196］张雪兰、何德旭：“证券分析师利益冲突影响投资利益吗——一个

经验研究评述”,《金融研究》,2008 年第 7 期。

[197] 张宗新、杨万成:“声誉模式或信息模式:中国证券分析师如何影响市场”,《经济研究》,2016 年第 9 期。

[198] 赵良玉、李增泉、刘军霞:“管理层偏好、投资评级乐观性与私有信息获取”,《管理世界》,2013 年第 4 期。

[199] 朱红军、何贤杰、陶林:“信息源、信息搜寻与市场吸收效率——基于证券分析师盈利预测修正的经验证据”,《财经研究》,2008 年第 5 期。